和谐校园文化建设读本

中小学生环保教育漫谈

王 龙/编著

吉林出版集团股份有限公司

吉林教育出版社

图书在版编目（CIP）数据

中小学生环保教育漫谈／王龙编著. — 长春：吉
林教育出版社，2012.6（2022.10 重印）
（和谐校园文化建设读本）
ISBN 978 - 7 - 5383 - 9030 - 8

Ⅰ. ①中… Ⅱ. ①王… Ⅲ. ①环境保护—环境教育—
中小学 Ⅳ. ①G634.933

中国版本图书馆 CIP 数据核字（2012）第 117871 号

中小学生环保教育漫谈

ZHONG-XIAOXUESHENG HUANBAO JIAOYU MANTAN　　　　　王 龙 编著

策划编辑　刘 军　　潘宏竹
责任编辑　刘桂琴　　　　　　　　　　　装帧设计　王洪义

出版　吉林出版集团股份有限公司（长春市福祉大路5788号　邮编 130118）
　　　吉林教育出版社（长春市同志街1991号　邮编 130021）
发行　吉林教育出版社
印刷　北京一鑫印务有限责任公司

开本　710 毫米×1000 毫米　1/16　印张　12.5　字数　159千字
版次　2012 年 6 月第 1 版　　印次　2022 年 10 月第 2 次印刷
书号　ISBN 978 - 7 - 5383 - 9030 - 8
定价　39.80 元

编　委　会

主　　编：王世斌

执行主编：王保华

编委会成员：尹英俊　尹曾花　付晓霞
　　　　　　刘　军　刘桂琴　刘　静
　　　　　　张　瑜　庞　博　姜　磊
　　　　　　潘宏竹
　　　　　　（按姓氏笔画排序）

总 序

千秋基业，教育为本；源浚流畅，本固枝荣。

什么是校园文化？所谓"文化"是人类所创造的精神财富的总和，如文学、艺术、教育、科学等。而"校园文化"是人类所创造的一切精神财富在校园中的集中体现。"和谐校园文化建设"，贵在和谐，重在建设。

建设和谐的校园文化，就是要改变僵化死板的教学模式，要引导学生走出教室，走进自然，了解社会，感悟人生，逐步读懂人生、自然、社会这三本大书。

深化教育改革，加快教育发展，构建和谐校园文化，"路漫漫其修远兮"，奋斗正未有穷期。和谐校园文化建设的研究课题重大，意义重要，内涵丰富，是教育工作的一个永恒主题。和谐校园文化建设的实施方向正确，重点突出，是教育思想的根本转变和教育运行机制的全面更新。

我们出版的这套《和谐校园文化建设读本》，既有理论上的阐释，又有实践中的总结；既有学科领域的有益探索，又有教学管理方面的经验提炼；既有声情并茂的童年感悟；又有惟妙惟肖的机智幽默；既有古代哲人的至理名言，又有现代大师的谆谆教诲；既有自然科学各个领域的有趣知识；又有社会科学各个方面的启迪与感悟。笔触所及，涵盖了家庭教育、学校教育和社会教育的各个侧面以及教育教学工作的各个环节，全书立意深邃，观念新异，内容翔实，切合实际。

我们深信：广大中小学师生经过不平凡的奋斗历程，必将沐浴着时代的春风，吸吮着改革的甘露，认真地总结过去，正确地审视现在，科学地规划未来，以崭新的姿态向和谐校园文化建设的更高目标迈进。

让和谐校园文化之花灿然怒放！

本书编委会

目 录

第一章　国内外中小学环保教育概况

第一节　我国中小学环保教育状况

一、中小学环保教育的主要方式

数据统计表明,我国已有71.2%的中小学校将环境教育正式设进学校教育教学规划之中;从时间上看,有40%的学校于1990年前就开始进行环境教育;在增长速度上,1991—1993年列入计划的学校数量超过1990年以前。

将环境教育正式列入教育教学计划的学校,采取的方式主要是:以开设专门课为教学方式的仅占21%,学校开展的环境教育大多数是进行渗透教学或者课外活动。

(一)环保选修课

依据国家教委1990年调整后的高中教学计划的要求,应于普通高中设立环境保护选修课。现阶段,设立环保知识选修课的学校以城市学校为主。授课方式主要是两种:一是排入课程表,依固定课时授课;一是以年级为单位,集中开展大课。

环保选修课主要在高中阶段设立。据一些地区的实践,高二第一学期为最佳,因高一已完成高中地理学习,而高二年级的生物、化学等教材中也有涉及环境保护的章节,为环境保护选修课教学的顺利开展奠定了基础。且高二年级安排各项选修课每周4节,课时能保障。假若高二年级开设有困难,改在高一第二学期也可以,因这一学期会考科目较少,学生压力较小,不足的是相关基础知识欠缺。

现阶段,高中环保选修课的教学目标是,让学生了解环境保护的概念和主要环境问题及其产生的原因;增强环境问题给人类带来危害的认识;了解为防治环境污染、保护生态平衡应采取的主要手段。高中环境保护选修课的重点教学内容是:各种环境污染的概念,环境污染产生的根源及危害,防治环境污染的手段。

在北京市,环保选修课的教学内容有:大气污染、水体污染、噪声污染及固体废物污染四种主要城市环境问题;生活环境与健康;农业环境保护;国内外主要环境问题简介;社会发展与环境保护五个部分。教学过程中,假若课时有限,农业环境问题城市学校可以选讲;农村学校在选讲国内外主要环境问题简介及城市环境问题的部分内容外,结合农村实际,增加一些自然保护、生态平衡方面的内容。

为保证高中环保课的成功开设,各地教育部门定期进行检查、督导,加强管理。又联合环保部门编写了环保选修课教材,组织任课教师实施教学研究。依靠集体备课、教材分析、公开课等活动,帮助教师解决教学中的实际问题,推动了环保选修课教学。

(二)渗透教学

渗透教学就是把环境知识渗透到物理、化学、生物、地理和自然常识等学科及德育、国情、历史、政治、语文等社会学科的教学过程之中,通过讲授相关章节,把环境教育与课堂教学紧密地结合起来。长期实践证明,此为在中小学开展环境教育的主渠道和主要手段。

进行渗透教学,首先选择好渗透学科。现阶段,全国开展环境教育的中小学大部分都选择了自然和社会各门学科作为渗透教学的主要学科。这些学科中都有与环境知识联系密切的内容,教学中教师可以根据教材内容适当补充环境知识,将环境教育纳入教学体系之中。其次,应选择好渗透内容。为了避免渗透教学中的随意性,真正做到有机结合,全国各地区的中小学结合实际情况,对渗透的内容进行了选择,在教授现有教材的基础上,适当补充一些环境知识。一些地区的实践经验表明,搞好渗透教育,关键在选择好环境知识同教材的结合点。因中小学生主要是对基础知识的学习,且环境教育又是普及型教育,因而学校一般在选择教学内容时,以环境基础知识为主,治理技术、标准等内容不过多涉及。环境教育开展较好的学校,在安排教学计划时,对各科间的可渗透内容能进行总体设计,主次分清,重点突出,预防同一内容在不同年级不同学科重复。第三,能否实施渗透教学,任课教师的环保知识和环境意识十分重要。各地区通过讲座、进修、组织备课等途径来增加教师的环保知识,定准渗透教学中具体的知识结合点,内容和要求规划统一,让各科教学既分工又合作。条件允许的地方,依据教材内容,分学科编写教学参考资料,让教师有所依据。

1.小学进行环境教育主要渗透课程情况

小学主要渗透于自然(占 60.8%)、地理(23.8%)和品德(13.8%)三门课中,此数据与小学生问卷中的数据(自然占 52.6%、地理占 29.7%、品德占 9.5%),总体是相符的,只是学生认为地理更高一些,教师认为自然、品德更高些。

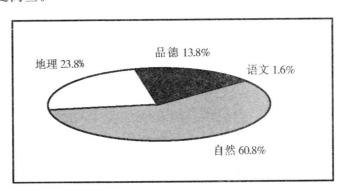

2.中学进行环境教育主要渗透课程情况

中学主要渗透于地理(66.2%)、生物(18.8%)、化学(10.2%)这三门课中,此数据与高一学生问卷中的统计(地理占 69.1%、生物占 14.3%、化学占 12.1%)相比,结论是基本一致的。学生对地理、化学的比率高于教师问卷,教师在生物课上高于学生问卷。

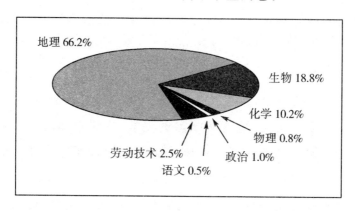

总之,不论是教师或是学生,都认为中学进行环境教育课主要是渗透在地理、生物、化学三门课中;小学主要是渗透在自然、地理、品德三门课中。

(三)课外活动

在丰富多彩的课外活动中普及环境知识,是进行中小学环境教育的又一重要方法,全国各地的中小学校因地制宜,开展丰富多彩的课外活动。抽样调查显示,被测学校的86.8%都进行过课外活动。主要是:

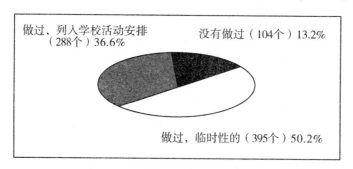

1.环境科技小组活动

该活动能够向学生普及环境科学知识,提高学生的基础操作能力,增强他们的创造力、观察力。环境科技活动,一般都遵循理论跟实践相结合;讲授知识跟提高技能相结合;课堂教学跟课外考察相结合的原则。

环境科技活动,目的在于使学生了解环境污染产生的原因及危害;知道水、气、噪声等污染的测定方法;增强学生分析与解决问题的能力;提升他们的良好思想品德与科学素质。各校情况不同而活动内容有所区别,总体分为:参观考察、知识讲授、社会调查、题目选定、实验测定、样品采集、系统分析、建议与总结八个部分。

北京市的环境科技活动的开展,在中学以科技小组,在小学以兴趣小组的组织方式。一般每学期活动 13—15 次,每次 2—4 小时。在教师配备上,中学以地理、化学、生物三个学科为主,小学以自然常识为主。教师都是利用课余时间组织科技活动。一般利用学校现有器材为科技活动仪器,在力所能及的范围内环保部门也提供一些环保专业器材。如:大气采样器、分光光度计、声级计等。

进行环境科技活动,许多学校的实践表明,关键要抓住四个环节:了解环境现状——寻找环境污染产生的原因——对环境污染对人类危害的认识——治理污染建议的提出。如此就能够提高学生综合分析问题以及利用所掌握的知识解决问题的能力。教师们应在活动中拓展本专业知识,将自然科学及社会科学的相关知识紧密结合起来,机智地运用到环境科技活动中。这对教师科技能力及综合素质的提高有促进作用。

2.红领巾环境保护队(不少地区又称环保小卫士活动队)

此为广大小学生亲身参与环境保护实践的一种有效组织形式。近年来,许多地区的小学校都凭借这种形式把小学生们组织起来,进行形式多样的环境教育活动,对学生们普及环境知识,增强他们的环境意识,为他们以后能主动行动起来保护环境设立良好的开端。不少地区小学的环境保护红领巾活动队,制订了统一的章程,在红领巾队中开展了有组织、有计划的活动。活动内容主要有:调查学校及居住区附近的环境状况,且写出调查报告;发现、记录有污染环境的行为,并及时向环保部门报告;爱护珍禽异兽、花草树木;带头做到并阻止其他同学不做污染环境的事情;主动参与环保社会宣传活动。

红领巾环境保护队推动了爱国主义教育的开展。以多姿多彩的教育活动,让学生们分清了美与丑,弄清了污染环境给人类自身造成的危害,感悟到保护环境就是热爱祖国的具体表现。环保队的活动在普及环境知识中让学生们受到教育。学生们有很高的参加活动的积极性,真正自觉地对自己从严要求,树立了从我做起,从小做起,爱护环境,热爱祖国大好河山的优良的道德观念和品行。

3.科普活动

作为中国中小学环境教育的重要组成部分,科普活动范围广泛、普及性强、形式多样,内容丰富。全国各级环保、教育、科协等部门紧密配合,进行了在开展中小学环境科普活动方面的有益尝试。主要方式是:

(1)设立环境科普活动的组织机构。不少地区充分凭借当地的少年科技馆、科学宫等机构与场所,促进环境科普的开展。有的地区还组成了"环境爱好者协会""环境教育专业委员会"等许多群众组织。它们的目标是为中小学教师定期组织环境科普讲座、专题,进行参观、考察,协助环保、教育、科协等单位组织多种竞赛、论文评选、夏令营等活动。它们的成员多数为从事环境科普活动的中小学教师及来自大专院校、环保部门的专家、学者。

(2)把环境教育渗透到群众性科普活动中。"爱科学月"与"世界环境日"已作为在中小学进行环境科普活动的传统教育模式。由于这些活动已持续了10多年,群众基础广泛,能够在比较集中的时间内形成浓厚的科学氛围。培养了中小学生学科学、用科学、热爱自然、保护环境的思想品德。各级环保、教育、科协等部门根据"爱科学月"等活动的特点,把环境教育渗透到科普活动中去。依靠举办以环境保护为主题的报告会、专题讲座、知识竞赛、参观考察、征文评选等活动向广大中小学生进行环保知识的普及。

(3)将环境教育渗透到科技夏令营中去。科技夏令营是中小学生感兴趣的一种科普活动,一方面它是对科普活动积极分子及各项科技竞赛获奖学生的褒奖;另一方面它又是普及科学知识、扩大社会效应的有效手段。从20世纪80年代初起,全国各地的环保、教育、科协等部门密切合作,坚持每年举办各式各样的环保夏令营。夏令营依据野外考察、标本采集、污染测定、参观工厂、走进农业生态村等活动,开阔了学生视野、增长了环境知识,增强了环境意识,深受师生欢迎,获得良好的社会效果。

多年的实践表明,科普活动可以产生使中小学环境教育逐渐走向社会化、群众化,并能提高环境教育的社会效果,能够组织起一支热心环境科普活动的教师队伍。

(四)进行环境教育效果好的形式

此问题的统计数据显示给我们一个重要的启示。从师资来看,最好的环境教育方式是科普活动,如考察、参观、科技活动、讲座等,占45.9%;其次是德育教育,如跟环境教育结合的班会、队会、团会等,占30.1%;排在最后的是课堂教学,包括必修课、选修课、渗透教学等,占24.0%。

出现这种结果可能跟环境教育教学活动实施的背景与条件有关。课堂教学需投入教师,要占用课时,还需要资金,目前这些对于大多数学校无力解决。科普活动则可利用现有的条件,外出参观、调查,请人做讲座,既省时又省力,效果又好。诸多因素决定了科普活动为大多数学校所青睐。

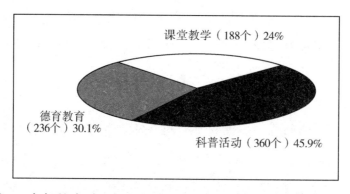

课堂教学（188个）24%

德育教育
（236个）30.1%

科普活动（360个）45.9%

经过10多年的实践，中国的中小学环境教育渐渐摸索出了"课堂教学跟课外活动相结合；校内教育跟校外教育相结合；知识普及跟能力提高相结合"的环境教育模式。这就是：在小学阶段将环境教育跟德育教育相结合；跟自然、社会课教学相结合；跟少先队活动相结合；跟学校日常工作相结合；跟学生行为教育相结合；跟社会实践相结合。中学阶段，以在物理、化学、生物和地理四个学科中渗透环境知识为主，以开设高中环保选修课及开展课外活动为辅，与德育、人口、"两史一情"教育相结合的环境教育模式。

二、关于中小学环境教育教材的探讨

现阶段，中小学环境教育主要有两种教育方式。其中一种是主要依靠中小学相关学科现有教材而进行的渗透教学，另一种是依靠各省、市自编的环保教材进行的选修课教学。我们对教材的研究也应该从以下两方面分析，国家教委1992年颁布了《九年制义务教育课程计划及各科教学大纲（试行）》，在课程计划的基本要求中指出："要使学生懂得有关人口、资源、环境等方面的基本国策。小学自然、社会，初中物理、化学、生物、地理等学科应重视进行环境教育。"在相关学科的教学大纲中，也提出了环境教育的具体内容，跟以往的教学大纲相比，相关学科的新大纲将环境科学知识和要求，明确而又具体地"渗透"和"结合"到教学要求及教学内容之中了，而且注意了与德育及国情教育的结合，注意了将各学科的科学知识和实际应用相互结合来培养学生认识和初步解决相应的环境问题的能力。以各学科教学大纲为依据编写的教材已于1993年秋开始于全国试行。

依九年义务教育相关学科教学大纲中要求的环境教育的内容来看，尽管是分别渗透在各科之中，但总的来说还是构成了比较完整的环境知识体系，为中国中小学环境教育的开展提供了依据。为了落实上述大纲的环境教育内容，许多地方还编写了具体渗透的教学大纲，比如宁夏回族自治区环保局及教委编写了中学各科(地理、生物、化学、物理、政治等)的环境教育渗透大纲及参考资料，为第一线教师提供指导与帮助，上海市教育局为增强中学地理、化学、生物、物理和小学自然常识在渗透教育方面的主渠道作用，为课堂环境教育指导发展，对学校环境教育工作进行了集体部署，编写了上述五门学科的环境教育纲要。

依据新大纲编写的教材，更加明确了环境教育的目标，更加丰富了环境教育的内容。九年制义务教育初中地理教材第一册、第二册的突出特点是，它牢牢把握住了人口——环境——资源——发展这条主线，于地理教学整个过程中渗透并结合环境教育内容，它约占课本总篇幅的30%以上。其缺点表现为，该教材因受传统地理学科体系的限制，没有主动地把环境教育(包括地理教育)面向可持续发展的需要。

因为各科教学大纲都是以各学科的立场来考虑环境教育的，是以兼顾本学科的完整性与系统性为前提的。若仅从知识点来看，渗透入各科大纲的环境科学知识较多，也比较完整。可也存在各部分的协调性以及环境教育特点不够突出的问题；知识理论性较多，而联系生活实际和具体的环境问题，如垃圾处理问题等较少的问题；重知识教育，对学生在关心与保护环境方面的行为规范、道德要求以及参与意识不断增强的具体指导较少的问题等。

现阶段，中小学环境教育教材主要是以各地自编为主。我们依据中国中小学环境教育教材评选活动的方式,了解中国中小学环境教育自编教材的情况,并做了分析。

1.中小学环境教育自编教材的基本情况

此次教材评选面向全国,通过《中国环境报》刊登启事,征集教材。征集到相关的教材、教学参考书共 43 种,其中公开出版物 22 种、31 册;内部材料 21 种、34 册。结果如下:

(1)从使用范围看,仅就公开出版教材而言,包括了 14 个省、15 家出版社,如果连内部发行的教材在内则达到 20 个省(区、市)。从这些省(区、市)的分布来看,不只有东南部沿海地区,也有西北内陆地区。

(2)从使用规模看,只对参加评选的公开出版的教材与教参两项进行统计,已出版的约 120 万册。

(3)从使用对象看,此次评选活动征集到的教材,既有供幼儿园使用的,也有供小学、初中、高中使用的,还有供职业高中及中等师范学校使用的。各类学校的教材都有。这些教材因为使用对象不同,所以在教学内容、教材风格、编写体例等方面都有各自的特点,外加教材体现出的地方性,这就给今后针对不同对象、在不同地区进行有针对性的环境教育铺设了良好的基础。

(4)从使用方式看,主要有:一是选修课教材(或必修课教材),二是渗透式教材,但是以选修教材为主。选修课教材大都自成体系,内容较为全面、详细;渗透式教材却是依据中小学的不同课程,在结合点上对材料进行补充和深化。如,宁夏回族自治区环保局、教育厅组织编写的《宁夏回族自治区幼儿、中小学环境教育参考资料》共分 8 册,各自为"幼儿环境教育参考资料","小学环境教育参考资料"(分散于思想品德、自然常识、语文),"中学环境教育参考资料"(分散于环境地理、环境生物、环境化学、环境物理等),诸教材都是内部发行教材,成为区环境教育试点学校及全区幼儿、中小学相关学科实施环境教育的参考资料。

（5）从教材的编写者组成看，主要由各地环保局与教委合作编写，还有一些由有条件设立环境教育选修课学校的教师，通过总结编写而成。

中国中小学环境教育应中国环保事业的开创而起步，又应环保事业的发展而相继普及、不断前进。在此过程中，各地环保局与各地教委配合，在进行环境宣传教育方面起到了很大的作用，不少环保工作者参与到中小学环境教育领域中来，跟中小学教师一道宣传、普及环保知识，在一些有条件的学校进行试点工作，收到了较好的效果。如宁夏编写的环境教育参考资料即为针对银川市第一幼儿园、银川市回民三小、银川市九中等环境教育试点学校编写的；上海复旦大学附属中学的陈国新教师通过 6 年选修课的教学实践，编写出《环境科学基础》的教材。

（6）从内容体系（或结构）看，即使是面向不同对象的多种教材，仔细分析，仍能发现，参加评选的教材基本上都是由三部分内容组成，总体是"总——分——总"的体系。

第一部分是总论，主要是从整体上来论述环境及环境保护知识，基本上包括如下几个方面的内容：①环境概述，包含环境的概念、环境问题及环境保护；②生态学基础知识，包含生态系统、生态平衡等知识；③环境保护的重要意义。本总论处于教材的开头，有引导入门的作用。

第二部分是分论，讲述各种具体的环境问题以及防治方法，主要是：①大气环境污染及防治；②水环境污染及防治；③固体废弃物的污染及防治；④土壤（土体）污染及防治；⑤噪声污染及防治；⑥放射性污染及防治。有的教材还涉及到居室的环境污染、农业环境污染及防治、森林生态环境、海洋环境污染及防治、人口、资源开发利用等问题。以上内容能够归纳为人类活动造成的环境问题，还有些教材依据中国自然灾害频繁多发的特点，阐述了因自然原因引发的环境问题，如各种自然灾害。

第三部分是在以上论述的基础上，又站在总论角度总结并深化。大体包括：①环境跟发展的关系；②环境保护以及必要性；③我国环境污染及保护的现状、环境监测,我国的"环境保护法";④环境预测。

2.中小学环境教育自编教材的评选与分析

本次教材评选实行专家评选,专家组成员由国家教委中小学教材审查委员会的多名审查委员和北京师范大学及中国环境报社的有关专家组成。

评选的标准依据国家教委中小学教材审查委员会审定的审查九年制义务教育中小学教材的标准,注重思想性、科学性、实践性、适用性和文字、插图等诸方面来进行。

依据专家的审查意见,中国中小学环境教育教材应总结出以下几个特点:

(1)近20年的不懈努力,使我国的环境教育有了长足发展,应用环境教育教材的地区已遍及10多个省(区、市),并根据不同的使用对象,形成一定的规模和数量,经过多年的试教,许多教材达到了较高的水平。由此可见,环境教育已成为我国整个教育系统中不可或缺的子系统,虽然这一子系统还暂时显得有些稚嫩。

(2)从参加评选的教材看,各地的环境教育,由重视程度到试教规模再到实施力度上,均呈现出极大的不均衡性。一些省(区、市)通过多年的试教工作,产生了较高水平的教材及配套的教学参考书,尤其有几本还通过省一级教委中小学教材审查委员会的审查(如北京市、辽宁省、广西壮族自治区),且在较大的范围内使用,有相当的数量。如由梁肇勤、廖斌担任主编的《环境保护》教材,广西师范大学出版社出版,并经由广西中小学教材审查委员会审查通过,共3册,已印刷有较大数目,小学分册与初中分册均达到28万册,高中分册达8万多册。其他一些教材也通过专家的审查和审定。

同时,有些送评的教材还处于内部发行或油印材料阶段,其试教范围限于一区、一县甚至一校,还处于探索阶段。

不仅省际之间有差别,省内各地区之间也存在差别,呈不平衡性。这种不平衡性跟各地开展环境教育的早晚、领导重视程度、教师态度各方面的支持都有关。

(3)中国各级环保部门积极支持、参与中小学环境教育,是中国中小学环境教育实施过程中的一个特点。环保工作者的主动参与,对开展环境教育的课内外教学进行辅导与支持,也保证了教材内容具有一定的思想性、政策性及科学性;另外,他们注意结合当地环境污染及环境治理的具体事例,对学生实施教育。从教材的内容就能明显地反映出这一点,例如赵能乃编著,内蒙古教育出版社出版的《治沙》一书,是由内蒙古教委委托奈曼旗八仙筒蒙古族职业高中编写的,书中不但容纳了治沙的基本知识,还包含了近年治沙的科研成果及当地治沙的先进经验与成效,作为职业中学的教材,体现了很强的实用性。上海复旦大学附中编写的《环境科学基础》教材有"海洋环境的污染与保护"一章,这对地处沿海的学生有一定帮助。

(4)中国中小学环境教育教材还存在一些问题,其主要表现为:

①教材内容主要侧重于污染和治理,此内容占了主要篇幅,宏观介绍又偏多。许多教材的内容还停留在"三废"治理的阶段,但有些教材则过深、过专、过分强调系统性。

②教材内容偏重知识的介绍,而对中小学生良好的环境保护行为习惯及解决环境问题的基础技能重视不足,在知识教育与行为培养上有些脱节。

③教材的实践性、适用性与趣味性相对较弱,有待进一步的实践应用,逐步提高。

三、中小学环境教育教学的师资及手段

(一)师资培训

教育的关键在于教师,环境教育尤其存在大量新内容、新问题,因

而,教师培训是顺利实施环境教育的前提。

被测学校中,参加过有关环境教育培训的教师只占 26.8%,而有 71.2% 学校将环境教育正式列入教育教学计划,教师培训力度显然是偏低的。此种情况的主要原因是有关部门还未能把培训教师的工作强化到议事日程中。

在被测学校中,就环境教育与活动召开专门会议的有关教师为 54%。而此类活动是使环境教育正常进行下去的保证,也是把环境教育正式列入教育教学计划中所应具有的措施。从只有 26.8% 的学校教师参加过环境教育的培训和有 54% 的学校有专门的环境教育的备课研讨会的情形,可以看出,参加过培训的教师能将学到的新内容不断地传播开来。当然,与将环境教育正式列入教育教学计划的百分比 71.2%,召开环境教育及活动专门会议的百分比 54.0% 也相对显得有些低了。

针对环境教育及活动举行专门的教师会议,就能发现问题,提出问题,汇总教师们的经验,寻求措施解决问题,是一种相互学习、相互培训的有效方式。

在我国承担主要中小学环境教育工作的教师,特别是地理、生物、化学、物理、自然常识等学科的教师,以及部分少先队辅导员。他们大多受过与他们的专业相关的学历教育,但较少对环保知识进行系统的进修。又因环境教育的教师很少是专职的,其主要工作还是原有专业的正常教学,剩余的时间及精力才进行环境教育,加以职称评定、课时和结构工资的计算常常不把环境教育计算在内,削弱了教师的积极性,致使教师流动性大。为了解决上述问题,近几年来,各级环保与教育部门不同程度地加强了对教师的培训与稳定教师队伍,进行了一些师资的培训工作。

在培训方法上,一般采取集中与分散相结合的方法。集中,就是在条件成熟的时候如利用假期集中一段时间,以办班、夏令营的方式,对教师实施环境知识的培训。分散,就是把师资培训与各学科的教研、进修活动联系起来,以教材要求为依据有针对性地举办环境专题讲座、考察,为教师提供教学参考资料。师资培训还可以与教师的继续教育结合起来。一些地区的经验表明,师资培训应得到各级教育行政部门的帮助和环保部门的支持,将其置于教育部门、进修学校、教研部门的工作计划中,统一安排,加强管理,才能得以坚持,收到好的效果。

师资培训丰富了教师的环境知识,增强了教师从事环境教育的积极性,让他们能够更好地担负起环境教育工作,深受教师的欢迎。

现阶段,中国各级各类教育学院、教师进修学校是教师继续教育的场所,也是对中小学在职教师的环境教育培训的良好基地,国家应研究制定一套培训模式、培训教材,纳入这些院校的培训计划,并在经费上给予保证。

从长远着眼,各类师范院校应将环保课列为必修科目,来适应中小学环境教育的需求。中国现有高等师范院校 251 所,在校学生 56.66 万人,中等师范院校 918 所,在校学生 72.2 万人。针对各级各类师范院校的学生实施环境教育,属于职前教师的培训。可以设置较为系统的环境科学课程,为他们今后参与环境教育工作打下良好的基础。本工作已受到国家的重视,国家教委师范司与国家环保局宣教司于 1991 年共同召开了全国部分师范院校环境教育研讨会,推动了各地师范院校对环境教育培训工作的重视与加强。

(二)教学手段

从全国范围看中小学环境教育的教学手段还比较落后,这与各地区社会经济发展水平与对教育的重视程度相关。因缺少必要的试验器材和资料,许多学校仍以传统的课堂讲授为主来进行环境教育。为了改变这一现状,各级环保部门尽最大力量提供了支持和帮助。他们为一些中小学配备了环保仪器设备、图书、录像等资料和一定的活动经费,使这些学校的教学现状有所改观。十几年的努力,已使全国一批中小学校有了一些简单的教学手段,如把环保图片、录像、幻灯应用到课堂教学中;在讲到水、气、声等章节时,还可以配合对现场采样进行分析演示,让环境教育的教学手段呈现多样化。增强学生的学习兴趣,提高教学效果。

四、存在于中小学环境教育中的主要问题

(一)中小学环境教育面临的问题

1.中小学环境教育发展不平衡问题

经过十几年的努力,现阶段全国各省、自治区、直辖市都开展了不同程度的中小学环境教育工作,但其地区发展是不平衡的。从地域上讲,大中城市及沿海地区的环境教育比农村及内陆地区,尤其是偏远地区的环境教育在力度及深度上更具明显优势。从社会经济、教育发展水平方面讲,经济发达地区教育投入相对高,师资、设备等办学条件好,开展环境教育的平台较好。而经济欠发达地区则处于劣势。而我国70%以上的中小学生在农村,环境教育发展不平衡的问题应特别引起重视。我们认为,必须下大力气抓好农村及经济不发达地区的中小学环境教育工作;要对这些地区的实际情况进行具体的分析,教育形式和教学方法应因地制宜,注重实效。要以师资培训作为这些地区环境教育的突破口,提高教师的环境知识水平与教学能力。

2.中小学环境教育的制度化问题

近年来,在教育、环保、科协等部门的协同努力下,中小学环境教育取得很大发展。继而,因为没有全国统一的环境教育教学大纲,没有环境教育的中、长期规划(包含师资培训与基地建设规划,教材建设规划,资金投入规划等),缺乏相应的法律、法规来保证工作进行,形成各地区中小学环境教育发展的不平衡性及缺乏规范化、制度化。非常不利于环境教育的深入发展。因此,制定颁布"国家中小学环境教育纲要",制定中小学环境教育中、长期规划,颁布并实施中小学环境教育的法规(可先行发布国家教委和国家环保局的行政规章),是促进我国中小学环境教育趋于规范化、制度

化的当务之急,也是跟国际环境教育接轨的最重要的措施。

3.中小学环境教育的师资培训问题

缺乏环境教育师资,是限制中小学环境教育进行的重要因素。这些年,虽经各级教育、环保部门组织了各种层次的师资培训,收到一定效果。然而,由于这些培训没有统一的培训模式与教学计划,包括教学目的与教学内容,没有形成完整的培训体系和培训机制,影响了培训质量与培训任务的完成。现阶段,各级环保部门尤其是省、市一级环保部门都设立环保宣教中心、培训中心;各级教育部门设立教育学院、教师进修学校(这是主渠道),专门进行教师的岗位培训与继续教育,只要国家教委和环保部门将环境教育师资培训纳入这些中心、院校的继续教育、岗位培训的目标之中,且制订明确的培训目标与实施计划,尽力发挥其师资培训的作用,中国的中小学环境教育师资的培训工作还是大有优势的。常州市1995年对新毕业的师范院校学生实施上岗前的环境培训,通过考试合格后,才能获得教师任职资格的做法,是有普遍指导意义的,值得重视与推广。

4.中小学环境教育的教育形式问题

教育形式主要指教育活动与学科教学。中小学的环境教育应当将两者很好地结合起来,不但要搞好学科教学,根据年龄特点使中小学生掌握相应的环境科学知识,而且要搞好教育活动,将环境教育与德育教育、爱国主义教育、国情教育、科普活动等结合起来,把环境教育融入丰富多彩的活动之中,使环境教育成为提高学生素质教育的重要教学内容之一。研究结果表明:中小学环境教育是普及性教育,应针对教育对象的不同年龄特点、知识结构制订出相应的教学目的,确定教育方式。一般来说,在九年制义务教育阶段,环境教育的目的,应是使学生认识到自然界对人类生存发展的重要意义,养成爱护自然、保护环境的优良行为与品德。这个时期的教育方式应注重教育活动,在搞好课堂教学的情况下将环境意识的培养与环境知识的普及纳入学校德育工作之中,依靠红领巾环境保护队、环境兴趣小组、参观考察、讲座等方法,寓教于活动中。在这一阶段的学科教学,主要是搞好各学科的渗透教学,可以不须单设环境学科。在高中、中师阶段,环境教育的目的应是使学生比较系统地掌握环保基础科学知识,了解环境与发展的关系及全球性的环境问题,初步掌握可持续发展的理论,本时期的教育方式应以学科教学为主,以教育活动为辅,并将环境教育作为高中一、二年级的选修课程,纳入教学计划,全力发挥课堂教学的作用。高等师范院校及中等师范学校的学生,毕业后将成为中小学教师,且这类学校又无升学考试的压力,因而在师范院校尤应开设环保学科教育,以便让培养出来的中小学教师在职前就得到良好的环境教育,具备进行环境教学的知识、技能和情感。这是中国进行中小学环境教育的希望所在。

5.中小学环境教育的组织领导问题

现阶段中小学环境教育事业,领导体制不甚清晰,组织机构很不完备,此为制约中小学环境教育的关键所在。在目前国家尚未作出明确的法律规范的情况下,我们认为,潮州市以一名副市长为组长,教育局、环保局的领导和部分学校领导骨干为主要成员,组成潮州市中小学环境教育领导小组;上海市教委、环保局、科协领导上海市青少年环境教育协调委员会及其办公室的组成,都担负起全市中小学环境教育的领导及组织协调工作,负责研究、制定中小学环境教育的方针、政策及实施计划,监督、检查各学校环境教育的发展情况,对做出突出成绩的单位和个人进行表彰、奖励。这种组织形式可以在全国进行推广实施。

6.中小学环境教育的资金问题

现阶段,中小学环境教育没有纳入国家教育计划的渠道,因而没有正常的经费来源,又加上国家基础教育的经费本来就不足,中小学校难以再从教育经费中拿出一部分来进行环境教育,制约了中小学环境教育的进行。我们认为,中小学环境教育的经费必须尽快地纳入国家基础教育的正常的经费计划之中,来保证中小学环境教育的开展。同时,环保部门也应尽可能地从财力、物力上进行资助。中小学的环境教育是全民的事业,更需取得全社会的关心、理解与支持。因而,还可以广泛发动社会各界来帮助中小学的环境教育,建立环境教育基金,促进中小学环境教育事业的发展。

(二)被测学校教师对开展环境教育的意见和建议

中国中小学环境教育现状调查问卷的最后一题具有开放性,要求学校负责教学的领导和有关教育者依据自己学校的情况,对环境教育与活动中出现的主要问题及改进措施提出具体意见。根据回收的 10 省市的 700 多份问卷看,被测学校针对存在的问题给予了认真、如实的回答,使大家了解到许多第一手的情况,不但有缺乏师资、教材、经费、设备等大面积存在的问题,而且也有一些学校面临的特殊问题;不但有老的问题,而且也有新的情况。在反映问题的同时,广大教师还开动脑筋,献计献策,设计了许多具有针对性的改进手段。由于这些措施来自基层,在实践中有些已被证明是可行、有效的,因而具有较高的参考价值,是我们今后进一步实施环境教育应该认真吸取采纳的。

1.从教师问卷中反映出的环境教育及活动存在的主要问题

(1)上级部门(教育部门、环保部门)缺少明确的布置,因没有教学计划与大纲而无所依据。具体组织、落实的工作很不够,缺少明确的要求与具体的检查。

(2)学校教学任务重,课时紧,压力大。各种考试(会考、统考、高考)应接不暇,学校疲于应付,片面追求升学率,学生因负担重,无暇顾及其他。

(3)社会缺乏环境的危机感,环保意识的淡薄,社会环境(包括家庭)的不良干扰大,学校教育与社会教育不够协调,对环境教育宣传不够。

（4）**缺乏环境教育的专职教师**，现有的进行环境教育及活动较好的**学校几乎仅凭个别教师的积极与热情，缺少必要的组织保证。对广大学校来说，教师环保知识水平较低**，又缺少培训，也无定期的考核；有关环境教育的工作成绩不算入结构工资中；加之已有的教学工作较多，因而教师的积极性受到影响。

（5）**教材方面存在的主要问题**，一是现行教材中环境教育的有关内容少，**渗透方式缺少指导**，在实践上无法落实；二是环境教育教材及各种**环保资料**（如录像带、宣传图片等）的缺乏，教师备课困难较大。

（6）**开展环境教育的教学设备缺乏**，如一些测试仪器、教具等，学校**又经费紧张**，因而制约环境教育及活动的开展。

（7）**有关环保的教育活动缺少**，理论与实践脱离，学校教育与社会教育脱离，缺少参观考察。

2.教师提出的主要改进措施

（1）有关部门要重视、支持环境教育，实施统一规划，制订可行的措施，**确定教学内容**，指导教学方式对环境教育及活动做到有布置、有检查、有总结、有表彰，以利持久地进行下去，形成经常性的教育。还要完善组织机构，**计划有安排**，工作要落实；表扬先进，树立典型；学校与当地政府相协调。

（2）**把环境教育列入学校的教育教学计划**；排入议事日程，开设有课时保证的选修课，学校设专人负责，并与奖励挂钩。

（3）**利用各种活动与方式**，进行环境教育；举办经常性的讲座、讨论会、报告会；**依靠班会、队会、团会等方式，贯穿环境教育于德育教育；组织学生进行各种竞赛，寓教育于娱乐之中；搞展览**，出黑板报，使学生自己教育自己；组织社会调查，参观访问，增强师生的亲身感受；进行第二课堂等课外活动，普及环境科学知识。

（4）**加强师资培训。**利用多种渠道，如集中培训、定期寄发环保教育资料,区、县联合备课等培训教师,对教学进行指导。**对教师进行环境教育活动要进行支持、计入工作量,定期奖评。**

(5)教育部门与环保部门要合作编写教材,进行教材建设。编写适合中小学生年龄特征、符合当地环保实际的**选修课教材,且为教师配备**教学参考书,为教师备课提供方便;为教师开展**渗透式教学,编写教学指**导书;根据环境教育的特点,编写音像教材。

(6)落实环境教育及活动的经费,改善学校办学条件,配备必要的教学仪器设备、教具等。

(7)广泛宣传,提高环境保护意识,形成对**环境保护的社会氛围,全**社会都来关心重视环境保护;**电台、电视台要宣传环境保护知识及环保**法、对环境污染依法治理,提高全民爱护环境和保护环境的自觉性。

(8)要在校园内植树种草、改善环境和美化校园,**改造基础设施;呼**吁有关部门加强校园附近环境污染的治理,清除小摊小贩,还学校一个清洁之地,使学校有一个良好的自然环境与社会环境。

(9)建立社会、家庭、学校一体的环境教育体系。

第二节　外国中小学环保教育状况

一、国外中小学环境教育的突出特点

长期以来,许多国家对中小学环境教育在理论与实践上都做了大量有益的探索,获取了许多经验,表现出了许多特点。

(一)环境教育纳入了中小学教育计划

在国外,环境教育已成为中小学教育的重要**内容,即使发展状况不**太均衡,却都肯定了环境教育在中小学教育中的重要性。**许多国家已把**环境教育纳入中小学教育计划,依据各自国情进行形式多样的环境教育,并注意制定相应的教学大纲,指导中小学环境教育的发展。伴随一些国家教育改革形势的发展,环境教育与构建一种新的教育框架相结合,保护环境的内容已经被经常性地融汇于这种新的框架之中。

1.中小学环境教育形式

国外中小学环境教育多实行如下方式:①划入学校正规课程。②于课外活动中进行。③分散时间的专题讲座。④较长时间地集中进行环境考察活动(数周)。⑤学生夏令营、野外活动中心及一些志愿机构组织的跟环境有关的校外活动。这是不同形式的校内环境教育与校外环境教育相互补充,让中小学环境教育得以深入普及。

环境教育纳入正规课程的主要渠道:

(1)独立设课。此种形式多在中学或较高年级实施。如1989年日本公布了改革中小学课程设置和新的学习指导要领,日本文部省决定在高中设立环境科学新科目。单独设课常需由经过培训的教师执教,若时间安排充足,学生可得到较系统的环境科学教育。

(2)渗透教育。将环境教育内容融入不同学科教学中。因设立新科目有可能加重学生负担,环境教育涉及面又广,因而,环境教育内容分列到相关学科中的讲授方式是比较多见的。这要求重新组织教学计划,修改原有课程大纲的内容,将基础环境教育的内容融入通常的学科中。如苏联中等学校化学教学大纲(1986—1987学年用),就已采取了将化学内容的讲授结合环境保护教育的方式。日本从20世纪60年代末始就注意在小学理科课程中,把培养学生认识大自然与人类的关系等列为重要的教学目标。德国强调环境教育不应被视为是孤立的专业,既渗透于自然科学中,也渗透于社会科学中。英国1991年颁布的国家地理课程中,把环境地理作为五大教学目标之一。

(3)组织跨学科的环境教育。此为渗透教育的产物,也是结合上述两种形式而出现的新的教育形式。在学校教育中,它是独立开设的专题,但又以有组织的各科合作、多学科教学表现。它可以杜绝各学科分别制定教育大纲开展环境教育各自为政的局面。在此方面,英国做了积极的尝试。英国议会于 1989 年通过了教育改革法案,国家课程委员会确定环境教育是跨学科的专题之一,并制定了环境教育指导文件。它试图在一种集体性的框架内,依据学校对环境教育的组织和协调,各学科相互合作,利用学校具备的人力、自然和物质方面的全部资源,借助其周边可供环境教育实施的一切手段,对学生进行教育。组织跨学科的环境教育的工程很复杂,但可能也是进行环境教育最有效的手段。

2.环境教育指导文件(大纲)

(1)联合国教科文组织与环境规划署推荐的初中三年的环境教育大纲。联合国教科文组织 1989 年出版的第 29 号文件中,把美国亨格福德等人所编订的一份中学环境教育课程大纲,推荐给世界各国中学环境教育工作者,作为各自国家中学环境教育课程发展的重要参考。此大纲适用于初中三年的课程,年龄 10～15 岁的学生。它不但可以独立授课使用,而且可以把其内容融入现有的中学各科课程。大纲内容是:第一年"生态学基础与作为生态因素的人";第二年"环境科学与环境卫生";第三年"问题调查及公民行动培训"。大纲内容完整,生态学基础知识和学生分析解决问题的能力并重,有助于全面实现环境教育的目标。为便于实施,大纲还提出了关于内容、时间分配的建议及对主要关键内容的标号。在中学环境教育课程模式中,将环境教育目标与课程的关系、适合中学生特点的教学方法,以及环境教育内容渗透中学相关课程时可能融入的大纲细目及课程安排,都列入其中,附录中还充实了针对三年大纲内容的教学范例。

(2)英国国家课程委员会制定的环境教育文件。实施跨学科的环境教育,尤其需要制定跨学科的教学指导文件,达成各学科共同的教学目标。正如英国国家课程委员会编制的"环境教育指导",它并非一个仅有讲授内容的清单,而且还是一份实施环境教育跨学科规划的内容丰富的"说明书"。主要包含以下部分:①对环境教育跨学科性的认识。②环境教育的目的和要达到的目标。③环境教育内容的框架。主要包含:关于环境的教育,为了环境的教育及结合实际的环境教育三方面内容,跟环境教育的知识目标、态度目标、技能目标相适应。环境教育的内容如气候、土壤、岩石与矿物、水、资源与能源、动植物、人与社会、建筑、工业化与废弃物等,主要借助科学、技术、地理、历史等不同科目实现。④全校致力于环境教育。这是很引人注目的方面,它突出学校在跨学科环境教育中进行组织管理的重要性。⑤环境教育的实施。开展环境教育分列不同的起点,不同的年龄段有与其相应的要求。⑥环境教育的实例研究与课堂活动。给环境教育提供实际的参考范例,提供方法指南。

(3)德国巴伐利亚州有关环境教育的规定。德国巴伐利亚州文化部1990年5月规定了学校每个学期环保教育的各种课程,在其教学大纲中对环境教育的方式强调:①环境教育为价值观教育。②注重理论与实践相结合是环境教育的重要原则。③行动方向与行动范围。④扩大教学范围。怎样将环境教育的课题范围贯穿在不同年级的不同课程中,都列表进行了详细介绍。这些环境教育课题,依据环境教育方针,着重介绍生态学基本知识,增强学生对大自然的高度责任感,从学生本人的亲身生活、经历出发,要求学生对自己的行为负责。

(二)对环境保护采取积极负责的态度和行动

环境教育只将环境问题的严重性显示给人们是不够的,只让学生了解环境知识也不足以对环境保护产生巨大影响。帮助人们确立可持续发展的观念,增强有效参与的技能成为当今国际环境教育的新动向。欧美国家中小学环境教育鲜明的特点是,倾向于将学习环境科学知识、环境保护的技能及树立正确的环境价值观,落实到学生联系自身实际对环境实施负责的行动这个中心上。环境教育的目的、目标内容及方法等,都突出了这一主导思想。例如:

美国亨格福德等人设立的"中学环境教育课程模式"中,指出环境教育的终极目标是:"提高环境识别能力,也就是帮助正在成长为公民的中学生具有环境知识、技能和观念,此三者会催化他们采取对环境负责的行动。"这一终极目标分化为四个阶段的目标水平:目标水平一(第一阶段),要求学生具有生态学基础水平,跟教学大纲中第一年的内容"生态学基础及作为生态因素的人"相一致;目标水平二(第二阶段)要求学生具备对环境及环境问题的理论认识水平,这与教学大纲第二年"环境科学与环境卫生"相协调;目标水平三(第三阶段),要求学生具有调查与评价环境、环境问题的能力;目标水平四(第四阶段),要求学生有解决争议问题的技能。目标水平三和四,跟教学大纲第三年的"问题调查及公民行动培训"相协调。

英国环境教育指导文件中,尤其强调"促进学生以积极态度探讨环境,鼓励他们发现环境问题,并实施行动保护环境是环境教育的中心和目的。"紧扣这个中心,提出环境教育目的:①为保护与改善环境的需要,提供获得知识、价值、认识公共义务的技能的机会。②鼓励学生从不同的角度——物理学的、生态学的、地理学的、伦理学的、工艺技术的、政治学的、历史的、人类学的、经济学的……来考察解释环境。③增强学生的环境意识与保护环境的自觉性,鼓励他们积极主动地参与解决环境问题。为了实现环境教育目的,又提出内容具体的三项环境教育目标,即知识目标、技能目标和态度目标。环境教育与之相适应的内容也包含三个方面:关于环境的教育、为了环境的教育与在环境中或通过环境进行教育。关于环境的教育,主要依赖一些专题,让学生认识和理解关于环境的各种知识;为了环境的教育,重点帮助学生明确因保护与改善环境而学习的意义,明确为保护环境实施积极行动的态度;在环境中或通过环境实施环境教育,是环境教育的方法与对策,突出环境教育必须依靠学生进行观察与调查,获取直接经验来实现,学生在环境中或依靠环境学习各种技能,参加保护环境的实践。

德国巴伐利亚州中小学关于环境教育的方针,就更加突出以学生的亲身生活、经历为基础,使学生为自己的行为负责。认为环境教育是让学生有正确行为的教育。

(三)改革旧的教育方式和方法

环境教育表现出跨学科性、实践性、参与性等特点,那些只重知识传授,只凭教师讲课灌输的传统教学方式,已不符合要求。各国都在探索实践新的教学方式与方法。

1.联系实际(学生实际和环境实际)

德国巴伐利亚州文化部有关环境教育的方式强调,联系实际情况与贴近现实生活是环境教育的重要原则。环境教育需要联系学生的具体经历,凭借他们故乡的住宅、学校与劳动环境这一基础,使他们直接观察他们熟悉的及感到有意义的环境。典型的风景区、自然保护区、自然公园、种植区、森林地带、动物园、环保中心、工业、手工业、农业、企业等,是环境教育非常合适的教学地点。

美国也强调要努力利用当地非教育资源进行活动,如学校附近的公园、垃圾场、工厂等,由学生最熟悉的场所开始,探索环境问题的解决办法。

日本看重依靠以学生直接经验为出发点的探索研究活动、调查实践活动等,进行多样性、立体性的环境教育,增强学生的感受性,提高学生的学习兴趣。

2.活动纳入课堂教学

法国吉奥尔当等地于《环境教育的教学原则与学习原则》中加入的教学实例,以探究实际问题为目标,为通过环境教育活动实现教学目标提供了可能。供小学教学的实例,重视适合儿童的认知特点,选择跟他们密切相关的家庭、学校以及周围环境中有代表性的问题,像穿越城市、村庄的河流;针对一个未开发空间植物繁殖情况的研究;针对一个农村单元的研究;针对一个城市环境问题——清除垃圾的观察研究。中学的环境教育不仅要让学生对自然环境感兴趣,还应让他们对常去的场所感兴趣,关心交通、资源、人口、消费等环境问题。供中学借鉴的教学实例如:对城市与工业空间的分析;城市中水的供应与消费问题;过度放牧与环境恶化;森林砍伐和环境恶化;高速公路的建设问题等。每个教学实例,基本上都包含三部分内容:优先寻求的目标、教学活动的安排和评估。教学活动过程不但包括室内活动(提出问题、讨论、争议、统计、制图等),而且包含现场活动(调查、收集资料、根据需要进行观测、测量、实验等)。室内外活动常常多次交互进行,最后要得出结果,如总结、建议、整治环境的方案等。它是利用多学科的知识和技能,跟有经验的实际工作者学习的产物。结果可提供给地方当局,有些方案,像交通、城市或土地建设等方案都有被地方当局采纳、实施的可能。

英美等国也特别重视课堂教学中的实践活动。即便在室内教学中,也往往是老师与学生一起,由跟学生有关或容易引起争议的问题入手,应用如模拟性游戏、角色扮演、对某一问题开展"民意测验"等生动活泼的方式开展环境教育。

环境教育活动规划到课堂教学,不是减弱教师的作用,相反更需要教师在指导教学活动上加强工作。有关环境知识的传授,是依据学生的活动和他们在环境探索中提出的问题而实现的。重点放在技能的获得与环境态度的发展上,让学生为保护与改善环境实施有效的行动。这就强调了参与、研究与实验基础上的现代教育理念。

3.多种教学手段和校外教育机构的作用

为了增强环境教育的直观性及获取大量信息,力所能及地利用图片、模型、地图等教具与幻灯、录像或者多媒体技术等手段,如广播、报刊、电影、书籍等信息渠道为中小学环境教育服务。

校外教育机构在中小学环境教育中有着极大的补充作用。如德国的生态站、英国的野外活动中心、美国的露天博物馆、荷兰的学校公园等,使环境教育有了实习场所。这些场所又是学生的学习基地。在特定的环境中,学生依据收集资料、知识对比、调查研究,可以发掘学生的综合能力与批判性评价的能力,形成他们针对环境采取的新行为。

(四)环境教育师资培训提到重要日程

国外中小学环境教育的推进过程中,将培训教师与教育主管人员具有环境教育的能力,作为推动中小学环境教育发展的一个重要方面。

发达国家或者发展中国家,都需要培训环境教育人员。联合国教科文组织的一次题为"环境教育资源评价、成员国的需要和重点"得出的重要结论是,联合国教科文组织的71%的成员国急切需要环境教育,81%的成员国认为最急需的则是环境教育活动中的人员培训。

联合国教科文组织介绍的美国威尔克等人的"环境教育师资培训策略"、印度德·拉希里等著作的《环境教育教师培训与课程发展》等,针对中小学教师与教育主管人员实施职前与在职培训提出了不少好的建议。如对称职的环境教育工作者的能力要求、环境教育师资培训课程中的基本内容、课程的发展与培训中教学方式与方法等。下面主要从师资培训形式与方法来观察其特点。

1.师资培训形式和教师资格证书

中小学教师职前培训重点在师范院校实施。一般给职前教师开设的专门环境课程为选修的课程或更加普遍的做法是把环境教育融入到相关专业的课程中。在英国不少院校,要求环境教育作为跨学科的课程,应作为所有教师学历教育的一部分。泰国要求取得教师资格证书的人必须学习生态课与自然保护课程。发达国家的许多院校及大学设置了环境教育课程和学位,学习后发放环境教育教师资格证书(一般在院校的自然资源系或专门的学院获得）。

在职中小学教师环境教育培训则是一个更加艰巨的任务。培训形式丰富多样。正规课程的培训主要于教育学院完成。另外，在校内凭借教师会议进行教学研讨，加上由地方教育当局（包括教研部门、教育学院教师协会等）、志愿机构、科研单位等举办短期培训（专题讨论、进行电视函授、编写教学参考等），也成为内容广泛、及时、针对性强的培训。正规课程也包含独立设课与渗透教育两种形式。像英国利物浦地区的教育学院给担任 9—13 岁学生教学任务的教师设立为期二年（业余时间）的环境课程，教师进修完成后可获得环境教育文凭。发展中国家的环境教育教师技能培训基本通过渗透在自然保护课、化学、人口教育课、地理、生物等课程中完成。

2.对培训中的传统教学实践重新定向

要让教师能担负环境教育的教学、教育主管人员注重环境教育的管理，培训计划就应首先让受训者明确环境教育的目的、目标，依靠培训让他们具备环境科学基础知识与教育能力（包括心理学和教育学基础）、解决环境问题途径与技能以及环境教育的教学方法。既帮助教师获取开展环境教育必需的知识、技能与情感，又应让他们得到把这些知识技能与情感传授给学生的能力。

对施教者的这种培训，常常会形成对传统培训与教学实践的重新定向。培训开始，就应要求学员同时应对理论进修与实践学习的双重任务。如纽约市立教育学院曾设立了一门为期 15 周的课程，它强调进行环境调查与环境保护所需要的知识与技能教学。本课程在环境问题文献介绍之后，就要求受训教师针对某一具体问题进行研究，并鼓励他们付诸恰当的保护环境的行动。

二、可借鉴的国外经验

中国的中小学环境教育正处于由试点向面过渡阶段。基于我国的教育实际,吸取国外中小学环境教育的有益经验,将促进我国中小学环境教育的进步。

(一)环境教育的目的强调有效参与

当前国际环境教育呈现出新的动向,正在从帮助人们正确认识环境,掌握解决问题的知识与技术,向推动人们树立可持续发展的观念,提高有效参与的技能的方向转变。此为新时期研究确定我国中小学环境教育目的的重要指导思想。

1.明确环境教育目的

环境教育目的的明确是指导中小学环境教育发展的第一要务。由我国中小学环境教育的实践观察,学校的环境教育中大都比较重视环保知识的学习,中小学环境教育的教材,注意较多的也是知识体系的完整。即使近些年开始重视环境教育实践,在第二课堂与少先队、共青团以及校外有关机构(科协、环保局等)组织的活动中,能带领学生参与一些环境保护行动,但不够普遍与持久,也缺少对学生日常行为的指导。国外,尤其是欧美国家的中小学环境教育,特别重视把参与保护与改善环境,采取对环境负责的行动,当作环境教育的中心或最终目标。在实际的教育目标制定、教学内容设计、教学方式及方法的选择上都强调落实这一宗旨。从这一方面讲,环境教育是行动的教育,是让学生具备正确行为的教育。

我国为发展中国家,又是环境大国,各种环境问题都可能发生。为了建设好有中国特色的社会主义,环境教育的目的更要突出培养学生树立可持续发展的观念,关心解决环境问题,增强他们运用所学知识和技能有效参与环境保护的能力。从今天起,就自觉地履行保护环境的责任与义务,而决非长大成人后才开始。

2.环境教育目标、内容及方法等应与环境教育目的相适应

为了达到环境教育的目的,还应制定实际可行的环境教育目标。可

关注知识目标、态度目标、技能目标和个人行为目标。这里要特别强调，个人行为目标，可考虑中小学生的实际制订个人行为规范，养成他们关心周围环境，为保护与改善环境实施行动的良好行为习惯，实现"保护环境从我做起，从身边做起，从现在做起"。

环境教育内容不但要安排环境科学基础知识（这里应突出生态学基础知识的意义），还要注意安排充足的有关环境问题调查与公民行动培训的内容。这些内容要有现实性，应与人口和发展教育相结合，如联合国环境与发展大会以后，我国制定了《21 世纪议程——中国 21 世纪人口、环境与发展白皮书》，立足我国的国情，提出了促进经济、社会、资源、环境与人口、教育相互适应、可持续发展的总体战略。为了培养跨世纪的合格人才，要尽快将"可持续发展、现代工业新文明、绿色标志产品、清洁工艺、生态农业等代表发展方向的新理论、新观点、新技术"传输给教师与学生，让他们更有效地进行环境保护的实践。

环境教育方式不少，但应强调环境教育的参与性，努力考虑儿童与青少年的知识实际跟环境实际，从环境保护实践中受到教育，也为改善环境、推动社会文明做出一份贡献。

（二）制订跨学科的环境教育计划

因为环境问题是综合性的，环境保护关联各个学科，所以，环境教育不应被看作一门孤立的专业，它寻求的是一种跨学科的行动。环境教育应该被看作是各种不同学科及不同教育的实践。

我国中小学实施环境教育的主要渠道，是于相关学科的课堂渗透教学与课外活动中融入环境教育。1993 年国家教委颁布的九年制义务教育教学大纲和计划中，已把环境教育的内容明确、具体地规划到中小学课程的多种学科中（与西方国家渗透教育的初期阶段相当）。鉴于没有统一的教学大纲，这种分学科大纲指导下的环境教育，教师如不经过全面培训，常常不能真正领会环境教育的目的、目标、内容与方法。为了让教育主管人员与各科教师把握好环境教育的目的、目标,看清本学科的环境教育内容在整个环境教育体系中的位置,掌握各部分之间的关系,并促进在环境教育集体性的框架内加强合作,组织跨学科的教学,很有必要制订一个跨学科的环境教育计划(或环境教育纲要)。这类计划有可能将我国目前采取的各科渗透、课外活动及单独设课等方式,置于一个统一的、跨学科教育计划的指导中。计划可包含以下内容:

(1)中小学环境教育的目的(强调有效参与)。

(2)中小学环境教育的目标(应具体明确、可考虑知识目标、态度目标、技能目标与个人行为目标)。

(3)中小学环境教育的原则(如联系实际与接近现实生活的原则,跨学科教育的原则;参与公民行动的原则等)。

(4)中小学环境教育实践中应关注的问题,包括针对学校加强环境教育管理的要求与建议、采取的教学方式等。利用学校现有的人力、自然与物质方面的资源,利用其周围可供实施环境教育的全部手段实施环境教育。

(5)中小学环境教育内容(内容要注意与目的、目标一致)应具有时代性,尽量系统完整,不但可独立授课,也可在渗透教学与课外活动中使用。环境教育于各科的渗透内容,应列表附上。

(6)中小学环境教育教学案例(要特别强调收集那些将环境教育活动纳入课堂教学的范例)。

环境教育的教学内容与各科教学中的环境教育,不能相互孤立或仅仅是教学大纲的简单相加。所有学科立足各自的起点上,以不同学科的角度出发实行环境教育,但都应以规定的环境教育的内容与结构的整体概念为方向,因而能将每门学科有关环境的教学内容,与整个环境教育的目标统一起来。

这一环境教育指导文件的制定,还要注重依据中国人口、资源、环境和发展的实际及建设有中国特色的社会主义的需要,结合国情教育、爱国主义教育、德育教育等内容,立足于21世纪人才的培养,适合可持续发展的要求,面向现代化,面向世界,面向未来,努力提高中小学生的基本素质与能力。

(三)教学方法突出实践性、参与性与跨学科性

从一开始环境教育就是与人类面临的实际环境问题结合在一起的。因而,在中小学环境教育中应考虑儿童与青少年的现实生活,考虑他们不同年龄段的思维特点,由与他们关系紧密的环境问题着手,在发现人与环境客观规律的过程中,让学生接受生动的辩证唯物主义教育。研究问题时,除了理论知识的探讨外,更要强调参与环境保护的实际行动,既要规范学生的行为,同时又能使学生发现环境问题,对实际环境进行调查研究,探寻解决问题的方法与途径,使学校教育为地区的环境与发展服务。因为环境问题是综合性的,环境教育必须探求多学科的合作与校内外教育的配合。这些必然对原有的教学体制与课程设置形成冲击,传统的教学方法已不能适应。因而,在教学中中小学环境教育突出实践性、参与性与跨学科性,必定会促进教育由应试教育向全面提高学生素质的方向转变,推动教育改革的深入。

西方国家注重联系学生实际与现实生活,由具体问题的实例出发,将环境教育活动纳入课堂教学的教育很有意义。在这样的环境教育中,启发式的方法,观察调查的方法,争议教学的方法,实验的方法,启示发现问题的方法,模拟游戏的方法,教学统计的方法,现代化技术手段,以及采取公民行动的方法等,都能够得到有效运用。

中国在中小学环境教育的方法与途径方面已取得了不少实践经验,今后可进一步探讨如何把课外活动(第二课堂)跟课堂教学(第一课堂内的单独设课或多学科渗透)的环境教育,有机地结合起来,不但开展自然学科方面的实践活动,还应进行社会调查方面的活动,开发适应我国国

情的、不同年级的环境教育教学范例,及时应用那些能够真正实现环境教育目的与目标的行之有效的教学经验。还要促进多学科与校外机构的合作,发展现代化教育方式(如多媒体计划)。

"理论联系实际""教育同生产劳动相结合"是我国教育的重要指导思想,只是受片面追求升学率等错误意识的影响,使其遭受一定程度的削弱。环境教育的实践显示,它是与片面追求升学率的办学模式格格不入的。随着教育改革形势的发展,将应试教育向素质教育转变,将培养知识型人才向培养能力型人才转变,将以学科为中心的办学体制向综合型办学体制转变,环境教育必然起到重要的推动作用。与此同时,环境教育也会在此过程中得到新的发展。

(四)加强中小学环境教育师资培训

现阶段,在中外环境教育的发展中,不少国家将注意力集中于培养能胜任的中小学环境教育师资的需要上。我国于联合国环境与发展大会以后召开的全国环境教育工作会议上强调:"在中小学环境教育中,首先要搞好校长、教导主任与教师的培训。"

1.对校长、教导主任等教育主管人员的培训

中小学环境教育,重要的执行单位是学校,学校领导对环境教育重视,就能组织协调各科教师在环境教育中的合作共事,并使全校各方面工作形成支持配合环境教育的氛围,让教师对环境教育的积极性得以充分发挥。

为了校长、教导主任等教育主管人员对环境问题的认识得以提高,国家教委和国家环保局有关部门,从 1993 年以来,利用暑期开展了几次全国中小学校长、教导主任、教研员培训活动。为了扩大受训面,教育学院如有条件,也应将环境教育归入干部培训当中。一方面增强教育主管人员对环境教育的认识,另一方面探索中小学环境教育计划、实施、管理等问题。

2.扩大培训面,引入环境教育资格证书

我国环境教育师资培训的发展与方式同国外相似。如职前教师的环境教育培训重点在师范院校实施。小学教师主要通过选修课以及渗透教育的方式在中等师范学校接受培训;中学教师在高等师范学院重点通过结合某些专业开设的环境课程接受环境教育。有些有条件的大学还设立了专门的环境科学系或所;一部分学校通过公共选修课开拓了环境教育的传授面。在职教师的环境教育培训重点依靠教育学院和教师进修学校完成。常依赖地理、化学等专业开设相关的环境课程组织培训。

为了适应九年制义务教育中对环境教育的需求,不仅要求在地理、化学、生物等自然学科的培训中进行环境教育,今后还应注重在政治、社会、教育、劳技、经济等社会课程中强化环境教育。在有条件的情况下,可将教师资格证书引入环境教育,即参加教师队伍的职前培训的全部成员都要接受一定的环境教育培训。将环境教育纳入毕业资格或取得教师资格中。对现职的教师接受专门环境教育培训超过一年的,也可发放环境教育资格证书。

3.培训应适合中小学环境教育需要

师资培训的内容要密切联系中小学环境教育的实际。受训教师不仅要学到适用于教学或管理的一般知识、认识与技能,还需要培训适用于环境教育方面的教学能力。可考虑以下内容:①明晰中小学环境教育的目的、目标与原则;②学习教师与主管人员应具备的环境基础知识;③了解环境问题与其解决的方法及途径;④环境教育方法研究。如调查法(指导学生于课堂获取研究环境的直接资料)、分组讨论的方法、讲授有争议问题的方法、组织校外实践活动、模拟与游戏的方法(如野游、短途旅行、野外考察等)、教法研究(如环境素材跟学科研究紧密结合的途径、中小学环境教育现状和中小学环境教育教学范例的收集、学习)等;

⑤中小学环境教育计划实施、管理和评估等策略研究。

4.成立环境教育协调小组(或发展中心)

培训院校针对组织协调各专业环境教育的发展和合作,成立一个有领导参与的核心教师组织很有必要。可做如下工作:制订合适的环境教育培训计划,研究课程发展中的问题,组织编写教学大纲与教材,提供有针对性的教学参考资料(包含音像制品及电脑软件等),举办多种方式的讲座和环境教育活动,设立实习实验中心,环境教育资料中心等(可开发利用大专院校、科技活动场馆、自然保护区等已有场所与设备)。总之,要形式多样、渠道广泛地为中小学环境教育师资培训提供帮助。

第二章 中小学生环境意识的调研与教育对策

第一节 中小学生环境意识的调研

一、中小学生环境知识现状

通过针对 10 省市 15 000 多名中小学生的问卷调查，总体来看，中国中小学校的大部分学生具有基本的环境知识。

由问卷的统计结果看来，被测的中小学生通过有关环境知识的 15 个论述的判断，大部分是正确的。中学生的平均答对率为 70%，小学生为 63.16%。

调查问卷中的 15 个论述是总结了中国中小学环境教育选修课本中的主要内容，在九年制义务教育相关学科教学大纲中也有所涉及，为学生应当知道的基本环境知识。

（一）中小学生掌握环境知识的特点

（1）一些基本知识与观点已被大多数中小学生所掌握。如，"水和空气是取不尽、用不完，并且不花钱的自然资源（正确答案是'不同意'）"、"大量捕食青蛙或蛇，能致使生态平衡遭到破坏（正确答案为'同意'）"、"人类不爱护自然环境，能给人类自身带来灾难的后果（正确答案为'同意'）"、"生态环境的破坏是全球也是中国现阶段面临的重大环境问题（正确答案为'同意'）"等 4 题，中、小学生的答对率都超过 75%。因而，通过学校教育和社会的广泛宣传，一些基本的知识与观点已为大多数中小学生掌握。

（2）因年级的不同，掌握知识的范围与深度有差异，在环境知识的掌握上也有所体现。这能够从中学生答对率超出小学生的答对率中表现出来。

——大气中的臭氧层能够吸收过多的紫外线，保护人类生存（同意）。

——施用大量农药与化肥能带来环境问题（同意）。

——地球上的空间与资源都是有限的，供养的人口也是有限的（同意）。

——现阶段世界上的环境问题是不分国界的（同意）。

上述题目跟相关学科的关系较大，大部分小学生没有学过。

另外，无论中小学生，对于牵扯到概念的环境知识，在掌握上都有问题。

——火山爆发、地震所产生的自然灾害跟交通堵塞、住房拥挤等都属于环境问题（同意）。

——人类生存环境是指影响人类生存与发展的各种天然与人工因素，地球内的地核与月球不包括在内（同意）。

上述两题，都关联概念知识，一个为环境问题的概念，应该是不仅包括自然原因，还包括人为原因；一个是人类生存环境的概念，地核与月球应不包括在内。这两题中小学生的正确率都低于50%。

环境知识是环境意识的基础。脱离环境知识，不可能形成环境意识；缺乏环境知识，环境意识就会淡薄。环境教育最基本的目标就是要普及环境知识。

（3）在环境知识的掌握上，表现出明显的区域差异。这种明显的区域差异主要体现在如下几个方面：

①人均国民收入高的地区，其中学生的环境知识得分也相对较高。

统计结果表明,甘肃、江西、湖北、宁夏四省的学生分数属于相对的低分级;辽宁、山东、北京、上海、四川为相对的中等分数级;吉林省为相对高分级。此结果跟抽样时依人均收入所分的三类地区基本上能够对应。

经济发展水平能够通过多种形式影响环境教育。一般来讲,经济发展水平较高的地区,教育也较发达,教学条件好,师资力量雄厚,科技力量也强,为进行环境教育准备了坚实的基础。其次,经济发展水平高,常常工业较发达,相应地污染也就较重,环保工作进行较早,进行环境教育是迫切需要的。

②城市学生的平均知识得分比农村学生高。用分离方差估计法,得知城、乡中学生的知识平均分的差异表现为极显著水平。

这种差异同城、乡的教育水平、科技水平、宣传教育的差异都有关系。

③根据典型调查搜集的资料,开展环境教育先进的地区、学校,它们的中小学生的环境知识水平也相对较高。例如,从1980年开始广东省潮州市对中小学进行环境教育,现已大体普及到全市598所中小学校及459所幼儿园的约20万名学生,令教师和学生的环境知识明显增加,环境意识显著提高。1985年高考作文题以环境保护内容命题,因环境教育的进行和普及,考生作文的分数比全省平均分高出23%。

一些开展环境教育突出的学校,学生的环境知识不但较为丰富,而且还为他们进一步进行环境科学的初步研究提供了基础与条件。例如,1995年在土耳其举行的第三届国际环境科研项目奥林匹克比赛,首次参赛的3名中学生全部获奖,北京四中的白昀是金牌得主之一,北京十三中的徐周亚、杨晓莉分别获得银牌与铜牌。

(二)中小学生获得环境知识的渠道

中国中小学校学生获得环境知识的方式,不论是课内或是课外,都有相对集中的特点。中小学生获得环境知识的渠道及来源有两个：一是学校，一是社会和家庭。

在学校中，中学生获取环境知识的课程主要为地理、生物、化学；小学生获取环境知识的主要课程是自然、地理、品德。调查结果同实际不相一致的是中学的物理课，在渗透教学中，物理是一门宣传环境教育的重要课程，但实际上，它对学生获取环保知识的帮助程度仅占八门课的 0.6％，这个问题值得研究。

在课外，中、小学生获得环境知识主要方式是一致的：广播电视、报刊杂志、环保宣传活动。

因中、小学校环境教育有开展时间早晚、开展方式、地区发展等方面的差别，外加社会环境教育的工作，学生从课外活动获得的环保知识占有较大的比例，甚至超出课堂教学。

在环境教育现状调查中，教师针对开展环境教育方式的好的回答能够得到解释，被测学校的教师表示，科普活动排第一位，德育教育排第二位，课堂教学排第三位。

（三）进一步开展环境教育的意义

（1）针对中学生获得环境知识基本集中在三门课上（占 95.5％）的现状，一方面在渗透教学中，积极发挥各自的特点，实现重点突出，地理课应从环境的组成、人地关系，生物课要从生态系统与生态系统平衡，化学课要从污染物及治理的角度去讲授，互为补充。同时还应看到其余科目进行环境教育还有很大潜力，并且必须开发，因为环境科学是具有很强的综合性的学科。如在政治课上，由国家有关环境保护的政策法规、时事教育等角度进行渗透教学，劳动技术课即可侧重于相关的环境保护能力的培养。各科协同构成一个各有侧重、互相配合的环境教育体系。小学生的环境教育也应依据这一原则进行。

（2）社会的环境宣传也是学生获得环境知识的重要来源，问卷结果表明，经常接触的方式，如广播电视、报刊杂志，似乎作用更大。虽然环保宣传活动时间较短，却可以营造强烈的环保氛围，效果也十分显著。针对广播电视、报刊杂志等大众传播媒介，应注意对环保知识一贯地介绍宣传，还要利用典型事例开展集中报道，这样不仅使社会群体对整个环境与其相关问题有所认识及感受，对整个环境和有关环境问题及其对人类环境中生存的重大责任与作用有个基本的了解；又借助对典型事例的宣传，引起公众的关注，达到强化的效果。

从统计结果可以发现，家庭教育的作用相对微弱，是所测试的课外获得环保知识方式中最弱的环节，造成学校、社会、家庭三极的不平衡。学校与社会的环境教育常常要在家庭中落实，对中小学生来讲，环境教育的效果应在家庭中表现出来。因而，从父母处获得环保知识最少的情况，值得注意。一方面实施中小学的环境教育，另一方面社会环境教育也应加强。

分析统计结果还可以发现：学生的父母文化科学素质越高的家庭，对中小学生的环境教育及影响因素越大；反之则弱。因而整个社会的文化教育水平，也直接制约着中小学生的环境教育。

二、中小学生环境态度现状

环境态度，也就是对环境的看法，通过其言行中的体现，也可以定义为个人对环境所持有的评价及行为倾向，包含认知、情感、意向三种内容。

（1）中国中小学生对环境的态度整体来说是积极的、负责的。人们对环境的态度基于环境知识之上。然而，对环境的态度与环境知识相比更能体现人的环境认识水平与价值观。

调查表明，绝大部分被测试的中小学校学生表明了他们对环境的基本价值观，具体体现于环境质量与生活水平的关系上，82.5％的中学生与

71.4％的小学生认为在"温饱生活水平满足之后,就要求较好的环境质量";"为保护环境清洁,人类必须限制自己的某些行为(如过度消费)",81.5％的小学生和81.4％的中学生都积极认可。

在典型调查中,我们也感受到了中小学校学生显示出来的对环境负责任的态度。在某些情况下,常会成为社会环境保护的先导。如北京十三中环境小组的学生,于1988年春节除夕,通宵测量城区鞭炮的噪声,获取了宝贵的第一手资料,而后写出报告,建议政府禁止燃放烟花爆竹。1993年北京市人民代表大会做出决议,禁止在北京的城区及近郊区燃放烟花爆竹。现在全国已有20多个城市实施了禁放烟花爆竹的规定。调查显现,持赞成态度及同意态度的中学生总计为70％,小学生总计为71.7％。中小学生作为燃放烟花爆竹的主力军,经社会的广泛宣传,大部分中小学生具有了较为正确的态度。

中国不少学校的中小学生依赖各种环境教育活动,不但培养自己对环境负责的态度,同时教育自己身边的人,以这种态度感染社会。例如,潮州市许多学生热切关心潮州市的环境问题,向各级政府写信反映环境污染的情况;昌黎路小学的少先队员曾去市长办公室对市长提出不少环境保护建议,得到市长的赞扬;小学低年级的学生在老师的教育下,劝说长辈戒烟,劝阻家长不要吃青蛙与珍稀动物。

(2)中小学生的环境态度受生活中实际问题的影响明显,年龄的影响不大。从测试环境态度的10道题的数据统计中,可以发现:差异大的是4、5、10三题。

第4、5题牵扯家庭垃圾收费问题,第10题牵扯家庭住房问题。

第4题:如果为处理污染物(如垃圾、废水)而保护环境,需要对你家收取一定费用(如每月10元),你的态度是:

A. 很赞成　B. 同意　C. 无意见　D. 不太同意　E. 不同意

	很赞成		同意		无意见		不太同意		不同意	
	小学	中学	小学	中学	小学	中学	小学	中学	小学	中学
学生数	2004	668	2129	2779	665	1400	1216	1212	1559	625
%	26.5	21.7	28.1	36.2	8.8	18.2	16.1	15.8	20.6	8.1

第5题:如果你对上一题的态度是不同意,其原因是:

A. 收取的钱过多　B. 无必要收取　C. 应由国家负担　D. 其他

	收费过多		无必要收费		应由国家负担		其　　他	
	小学	中学	小学	中学	小学	中学	小学	中学
学生数	959	1291	1165	351	670	496	2200	2641
%	19.2	27.0	23.2	7.3	13.4	10.4	44.1	55.3

对处理垃圾收费,持赞成态度的,中学生占 21.7%,小学生占 26.5%;持同意态度的,中学生占 36.2%,小学生占 28.1%。两者合计,中学生是 57.9%,小学生是 54.6%。同"环境态度"部分其余题目相比,学生持不同意见的比例较大,中学生是 23.9%,小学生是 36.7%。中小学生不同意的因素排序如下:中学生:收取的钱过多、应由国家负担、无必要收取;小学生:无必要收取、收取的钱过多、应由国家负担。

对于保护古寺及解决居住问题,中小学生的答案更趋分散。现在,中国大部分居民的居住条件都不够理想,是居民"吃、穿、住、行"诸问题中最突出的一个。保护中国的文物古迹同样是艰苦重要的任务。对于这个两难选择的题目,中、小学生的答案比例是不同的:小学生倾向于保护古寺,而中学生则侧重于既保护古寺,又解决居民的居住问题。

第10题:某城市郊区有一著名的古寺,吸引国内外很多游客。为解决本城居民的居住困难,最近计划在古寺附近建两座高楼,但高楼的建立会破坏环境的协调,影响古寺的景观。为此,人们纷纷议论,假设作为本城居民,你的看法是:

A. 不应建高楼,以保护古寺的景观

B. 应建高楼,来解决居民的居住困难

C. 降低楼的高度,与环境协调,但只解决部分居民的居住困难

D. 迁到别处盖,为此本区居民需负担新的费用

E. 其他,可自填

	A		B		C		D		E	
	小学	中学	小学	中学	小学	中学	小学	中学	小学	中学
学生数	3041	1515	1002	1002	2665	2653	1140	1779	298	590
%	40.3	20.1	13.3	13.3	27.4	35.2	15.1	23.6	3.9	7.8

在关系到生活中实际问题时,不但中、小学生之间态度不统一,就连中学生中或小学生中,答案也较分散,表现出态度的不一致性。

(3)中小学生针对家庭居室及校园环境的评价标准大体一致,可两者的评价结果(也可用满意度表示)表现出明显差异。中学生比小学生有更高的要求。统计结果显示,中、小学生针对家庭居室环境评价主要思考"房间内空气流通,清洁卫生""房间面积大,厨房、厕所跟卧室分开""房间周围的自然环境",这三项合计,占小学生的 92.6%,中学生的 91%。

对于家庭居室表达满意评价(包括很满意及较满意)的小学生有64.1%,中学生有 48.5%;表达不满意评价(包括不太满意及不满意)的小学生有 13.8%,中学生有 22.5%。

中、小学生对校园环境的评价,主要思考"校园的绿化好,花草树木多""教室明亮、宽敞、通风好""校园的面积大,有足够的活动空间"。这三项总计,小学生是 98.7%,中学生是 99%。

对于校园环境,持满意态度的小学生是 76.8%,中学生是 54.4%;持不满意态度的小学生是 8.9%,中学生是 20%。

满意度是一个相对的感觉指标。因为我们的调查抽样方式,是于选定中学的附近找一所同档次的小学,因而,中学生对于家庭居室及校园的满意度低于小学生,或说错后一个档次,能够认为是一个特点。当然,

满意度高不一定表明真正的好,满意度低也不一定表明真正的差,可以表明中学生的要求水平或程度比小学生高。

另外,数据表明,中小学生对家庭居室的满意度要比校园低,这不但有真实情况的原因,也显示出关注程度的差异。

(4)对于家庭周围地区所存在的环境问题的看法大体一致。然而,对于家庭周围地区环境的变化的看法,中小学生存在不同,小学生比中学生要乐观;针对中国存在的环境问题的程度,也具有同样特点。依影响日常生活的环境问题的严重程度排序,中小学生都认为严重的前三位分别是:空气污染、垃圾污染、噪声污染。

针对近几年家庭周边地区的生存环境的变化,中、小学生出现差异,认为"由好变坏"的,中学生占 28.1%,小学生占 16.5%;认为"由坏变好"的,中学生占 12.1%,小学生占 20.3%;认为周围环境"一直很好"的,中学生占 7.8%,小学生占 17.7%;认为"一直很不好"的,中学生占 8.4%,小学生占 6.7%。

我们把"由好变坏"跟"一直很不好"合为一组,表达认为周围环境变化趋势是不好的,中学生占 36.5%,小学生占 23.2%。再把"由坏变好"跟"一直很好"合为一组,表达认为周围环境变化趋势是好的,中学生占 19.9%,而小学生占 38%。

综合来说,对于家庭周围地区生存环境的变化,小学生要比中学生乐观。因为小学抽样是在中学附近展开的,也就是针对相同的环境变化,小学生要乐观于中学生。

对于中国目前的环境问题,持"严重,要认真对待"态度的,小学生是 78.6%,中学生是 88%;持"中等程度,可暂缓处理"的,小学生占 19.8%,中学生占 11.3%。结合前面中小学生对家庭居室、校园环境满意度,及其中小学生对家庭周围环境的变化的评价,可以看出,对同一环境及同一问题,小学生满意度要高于中学生,评价要好。这跟中小学生在年龄、知识程度、阅历等方面的不同有关。

(5)中小学生在对环境问题评价进行时,受亲身的感受影响很大。例如,在对全世界最重要的环境问题的回答上,中小学生选择"人口膨胀、住房拥挤、交通堵塞"的比重都很大,中学生为36%,与第一位的"全球变暖、臭氧层耗竭、酸雨"占37%略有差别,小学生为44.2%,是第一位。这种情况的出现,交通堵塞,及由人口膨胀所造成的住房拥挤更是大部分学生亲身感受到的,这些在很大程度上决定着他们的认识,特别是小学生。可公认的三大全球性环境问题离学生毕竟还是遥远的,并且没有什么亲身感受,社会宣传及教育也极为不够。可以认为,中小学生认识环境问题危害程度是由近及远的,亲身感受是重要的依据。

一般情况国际上认为较多关注日常生活中的环境问题,属于浅层环境意识;较多重视全球生态及环境问题,属于深层环境意识。据此可知,中国中小学生处于环境意识的浅层阶段。

从前面中小学生针对家庭居室、校园以及其环境问题与变化的评价上,也能够说明上述看法。中学生的活动范围相对要比小学生大,感受的问题、认识的程度也比小学生要深,满意度也就没有小学生高。

三、中小学生环境预期行为调查

最能体现人们参与环保意识和保护环境的自觉程度的是环境预期行为。它是环境意识的较高层次的表现,它体现的是学生对环境的观念与态度,也是对学生对环境的观察与评价特点的反映。我们可以通过对一些情景的设计或实际问题的设问进行的测试来分析其答案,以便探寻他们的行为特征。

中小学生的预期环境行为主要发生在他们日常的活动场所——家庭和学校以及有限的社会场所。

（一）在家庭中的环境行为

家庭作为学生日常起居的场所，一天中大部分时间都在家中度过。在家庭中的环境行为，学生及其父母是互相影响的。从家长的角度，针对中小学生个人的卫生行为与习惯还是较为重视的。占76.1％的中学生和77.5％的小学生，他们的父母对他们个人的卫生习惯（如中学生不吸烟、饭前洗手、房间收拾干净；小学生穿戴整齐、饭前洗手、房间收拾干净）经常提出要求。即大多数中小学生的父母针对孩子良好的卫生行为与习惯的形成是比较重视的。环境行为责任是从一点一滴培养起来的，良好的个人卫生行为习惯可以说是培养负责任的环境行为的基础。

假若家长准备用别人送的活娃娃鱼（国家保护动物）做一道菜，中小学生的态度及行为怎样呢？79.4％的中学生和92.2％的小学生"与家长讲道理，将娃娃鱼送有关部门"；有7.6％的中学生和2.4％的小学生"与家人一块吃"；"不吃也不管""还给别人"，中学生分别是6％、7％，小学生分别是1％、4.3％。

这里是以娃娃鱼为例，体现出中小学生的明确的态度，小学生的比例数比中学生高。例如，湖南省武陵源区索溪峪中心小学、山区沙坪小学，从教育山区孩子爱环境、讲卫生入手开展环境教育，进行每个学生做一件保护环境的好事、订一条环保公约、写一篇环保小论文、做一件常见动、植物标本、养好一盆花、植活一棵树、保证一家人不捕蛇抓蛙的"七个一"的活动，而且经常组织"我爱大自然""保护环境"的主题班会与环境征文，极大促进了沙坪村生态建设与环境保护工作。湖南慈利县城关第二完全小学组织全校500多名学生举行"我爱家乡""为自然保护区做贡献""跟家长签订父子协定"等活动，让学生从小受到环境教育的熏陶。13岁的小学生李长春，16次上门做"毒鱼（毁灭性捕鱼）专业户"李氏三兄弟的工作,努力使这三兄弟痛改前非不再毒鱼了。学生彭军,祖传三代捕蛇,他跟父亲签订了父子协定后,他父亲自1988年开始就没有再捕过一条蛇。学校进行父子协定后,有50名家长放弃了捕蛇、捉蛙、打鸟的恶习,为维护生态平衡做出了贡献。

学生对日常的事情是怎样做的呢?调查表明小学生对装过东西的塑料袋的做法,占49%的小学生是"扔进垃圾桶",占44.5%的小学生是"洗洗再用"。塑料袋给人们的生活带来了很大的方便,同时也给环境带来了巨大的隐患,已造成了"白色污染"。怎样减少及处理废弃的塑料袋已成为人们关注的问题,可以说少用是一种根本的方法,重复利用也可以减少对环境的影响。从中国现在的情况看,有一半的小学生没有重复利用的意识,这是应当注意并加以改进的。

学生在家庭中,对于中央电视台新闻联播中的关于"中华环保世纪行"的节目,"关心,经常看"的中学生占31.4%,小学生占68.2%。调查显示,广播电视是学生课外获得环境知识的非常重要的渠道。而从学生父母身上获取环境知识则是次要的渠道。

综上所述,家庭既是学生培养负责任环境行为的场所,也是需要学生付诸负责任环境行为的场所。学生从家庭中获取的环境知识的主要来源是广播电视、报刊杂志,但不是父母,这对学生形成负责任的环境行为是不利的。学生日常的环境行为还有待改进。

(二)在学校中的环境行为

学校是学生接受教育的场所,是有意识地对学生实行环境教育,对其负责任环境行为培养的场所。测试问卷中有三类题触及这个方面:

一是对学校开展的"爱鸟周""地球日""环境日"等环境教育宣传活动的态度与做法,调查表明,持"积极参加"态度的中学生占62%,小学生占 87.5％；"去参加"态度与做法的，中学生占 24.9％，小学生占9.3％。两者合计，中学生是 86.9％，小学生是 96.8％。

二是对开设专门的环境知识课的态度与做法，要"努力学"的，中学生占 29.4％，小学生占 74.2％；持"愿意学"态度和做法的，中学生占 46.5％，小学生占 20.5％。两者合计，中学生是 75.9％，小学生是 94.7％。

三是秋天对待校园内枯草落叶的手段，这是中小学生能够参加的一个学校活动，由不同的处理方法上，可以发现环境行为的特点。调查表明，中学生采取的方式依次是：挖坑埋起来（38.3％）、就地烧掉（28.4％）、作为垃圾倒掉（27％）；小学生采用的方式排序为：作为垃圾倒掉（40.6％）、挖坑埋起来（30.5％）、就地烧掉（22.2％）。

综上所述，中小学生在学校中获取环境知识，参与环境宣传活动的态度及预期行为明确，也比较积极，但中学生的比例比小学生低。在具体的行为中（如处理枯草落叶），中小学生还应当改进。

（三）在社会中的环境行为

从广义上来说，家庭、学校也是社会的组成部分，这里的社会是指家庭、学校以外的场所，比如上下学的路上、影院、公园、商店等地方。测试问题中题目分为两个方面：

一是个人的行为，如在一个没有垃圾桶的公共场所，你对自己的食品袋、果皮等垃圾的处理方式。调查显示，"放在自己衣兜或书包里带回去处理"的中学生占 73.8％，小学生占 88.9％，"随手扔掉"跟"在僻静处扔掉"合计，中学生是 18.6％，小学生是 6.5％。假如从比例数看，大多数学生可以做到，但如果以不乱扔果皮是人人应遵守的公共道德来衡量，结果还是不能让人满意。

二是针对破坏环境的行为所表现出来的态度与行为。问卷设计了一个简单的情景——上学路上,遇见某单位正向河中排放有臭味的污水,回答"去上学,不理睬"的中学生占 22.7%,小学生占 6.1%;"顺路向有关部门反映"的中学生占 47.3%,小学生占 35.7%;"当面提出反对意见"的中学生是 30%,小学生是 58.1%。可见,中学生基本是顺路反映,但小学生则主要是当面反对。

你知道到什么地方反映吗?回答"知道"的中学生占 56.7%,小学生占 72%。按照一般情形,高一学生的社会常识要丰富于小学生,回答"知道"的人应当更多,可数据正相反。这可能与高一学生跟小学五年级学生对管理污染部门的具体理解有差别,高一学生要找对口的管理部门,可小学生也许认为公安局、派出所、居委会,甚至学校教师都管,但是他们头脑中毕竟有一个具体地点,如果真有污染发生,也不难找到对口的管理部门。

综上所述,出现环境问题最多的场所是社会。中小学生作为保护环境、制止污染的重要力量,不但自身要遵守各种法规与公德,还要制造舆论,实施恰当的手段制止破坏、污染环境的做法。

社会上的环境保护氛围跟社会成员的环保行为对于形成中小学生负责任的环境行为有着重要的影响。20 世纪 80 年代初,北京玉渊潭公园的天鹅遭人杀死,通过新闻媒介的曝光,对社会成员和中小学生增强爱鸟护鸟、保护环境的意识起到了推动作用。

当然,社会上一些消极的事物对中小学生促进负责任的环境行为具有很大的负面影响。如旅游者在风景旅游区任意丢弃食品包装污染环境,任意践踏草坪、毁坏树木等不良行为对学生都产生极坏的影响。有一位曾在国际环保知识竞赛中荣获金奖的中学生在海滩游玩,当记者发现海滩都是废弃的塑料袋、泡沫食品盒、包装盒时,问这名学生会不会任意扔掉这些垃圾时,学生出乎意料地回答说:"我会扔的,我一个人不扔,丝毫不能改变这里的环境污染状况。"因而,针对社会上的一些旧思想、旧观念及任意破坏环境的行为,需要全社会的共同行动开展教育,才能使中小学的环境教育获取好的效果。

第二节　中小学生环境教育的对策

一、如何应对中小学环境教育的发展

现据前面几章的分析与研究,提出以下对策建议,以利于工作者对此展开讨论,提出修改意见。我们的目的,仅仅是希望能起到抛砖引玉的作用,供有关行政管理部门参考,并希望广大学生及环境教育者对此展开讨论,提出修改意见。

(一)环境教育要重新定向,以适应可持续发展的需要

1987 年 8 月联合国教科文组织和环境规划署在苏联莫斯科举行国际环境教育与培训会议。会议讨论并制定了 20 世纪 90 年代国际环境教育与培训计划。该计划从经济、文化、社会、美学生态不同角度,完整表述人与环境之间的相互关系。会议倡议,20 世纪 90 年代是国际环境教育十年,并且计划于 1997 年召开国际环境教育与培训会议,总结成绩,根据需要商定优先发展的环境教育领域及教育手段,以此为基础制定一项 21 世纪前 10 年的环境教育与培训计划。

1992 年 6 月在巴西里约热内卢举行的联合国环境和发展大会,大会的目的是希望找到进一步阻止环境恶化及促进可持续发展的综合性战略。因而,必须大力进行环境教育,尤其是强化针对年轻一代的教育,增强他们的环境与发展意识。《里约环境与发展宣言》指出:"为实现可持续的发展,环保工作应是发展进程这一个整体组成中的一部分,不能脱离这一进程来考虑。为了实现可持续的发展,让每个人都享有较高质量

的生活,各国应当降低并消除不能持续的生产与消费方式,并且实施适当的人口政策。和平、发展与保护环境是互相依存且不可分割的。"大会通过的《21世纪议程》提高环境意识(第36章)中指出:"教育对于推动可持续发展及公众有效参与决策是至关重要的。"《21世纪议程》的建议突出了将环境教育重新定向,来适应可持续发展的要求。从小学生至成年人都要接受环境与发展的教育。将环境与发展的观念,甚至人口统计学,渗透到所有教育计划中去。提议进行一次全球教育活动,来加强环境无害以及支持可持续发展的态度、观念与行动。这个活动还应包含利用国家森林公园与自然保护区,推动生态旅游的发展。

1995年6月联合国教科文组织于希腊雅典举行"环境教育重新定向以适应可持续发展需要"的地区间研讨会。研讨会的主要议题是:①进一步明确应该把可持续发展的概念与信息同传统的环境教育相结合,对环境教育重新定向;②在正规与非正规环境教育中,应该把人口、环境、资源与发展教育紧密地结合起来,因为它们都是实现可持续发展的构成要素,这是环境教育重新定向后必须采取的一种新的教育策略与方法;③环境教育的基本内容:目标、内容、方法、效果评估等都必须再次定向;④环境教育要制度化、规范化、系列化与经常化,不能把环境教育看作可有可无的、额外的负担,或仅把它看作某一学科教育的补充性的内容。

环境教育再次定向,来满足可持续发展的需要;环境教育再次定向,让环境、资源与人口、发展教育紧密结合,这就是当前国际上环境教育的发展方向。

(二)中小学环境教育在基础教育和环保工作上的地位和作用

在中小学进行环境教育,是当代经济增长与社会进步的必然方向与客观需要。保护与改善环境,提高全民族的环境和发展意识是中国环保工作与现代物质文明建设的奋斗目标之一。增强环境与发展意识是提高全民族科技文化素质的一个方面,也是经济增长与促进社会进步的具体表现。缺乏环境和发展意识,就不可能实现人类与环境及环境与发展的对立统一,就无法实现可持续发展的目标。科教兴国,增强综合国力是核心,教育是基础,科技是关键,人才是希望,中小学教育是基础的基础所在。要很好地实施中小学环境教育,首先是各级决策者、中小学校长及教师要在思想上进一步明确中小学环境教育在基础教育与环保工作上的地位与作用,真正认识到在中小学进行环境教育的必要性与重要性,才能重视环境教育,把环境教育落实到教学日程中去。

中小学环境教育在基础教育与环保工作上的地位及作用体现在如下四个方面。

1.在中小学开展环境教育,体现了全面贯彻国家教育方针的要求

中国的教育方针要求让受教育者在德、智、体诸方面获得全面发展,培养"四有"接班人。在中小学进行环境教育,可以与国情教育、爱国主义教育及思想品德教育有机地结合。中国的基本国情之一是:人口众多,社会对各项产品需求量大;地大物博,自然资源人均相对不足;经济发展活动效益不高,严重缺乏资金。这是中国国民经济与社会发展的主要困难与矛盾,也是中国基础教育与环保工作发展的主要制约条件。过去中国有些中学教材讲述基本国情时只说"中国地域辽阔,人口众多,自然资源丰富",是很片面的。环境教育是爱国主义教育的重要组成部分之一,它可以与爱校、爱家乡、爱祖国教育结合起来,培养学生热爱大自然、热爱祖国锦绣河山的爱国主义情操。环境教育也是德育的重要内容中的一部分,它可以让学生从小就树立起保护环境的责任心与义务感。例如,湖南岳阳一中等学校不但是"全国环境教育先进单位",而且是"全国德育先进学校"。

2.在中小学开展环境教育,为基础教育注入了极具活力的、新鲜的教

学内容

当今世界面临的问题很多,和平与发展问题是当今世界的主题,环境与发展问题是当今社会面临的挑战。人类要和平,经济要增长,环境要保护,这是历史潮流,大势所趋,人心所向,是时代的主旋律。世界各国都同意并主张,在不污染与破坏环境的基础上,坚持可持续发展的方针。何为可持续发展?根据世界环境与发展委员会于1987年2月发表的《东京宣言》的解释:可持续发展可以简单地定义为,即使环境适应当代人的需要,又不对子孙后代满足其需要的能力形成危害的发展方式。与可持续发展相似的新理论、新观念、新技术还有不少,如可持续农业、工业生态、可持续林业、清洁工艺、工业共生、绿色食品、环保服装、生态住宅、环保标志产品、生态城、生态社区、生态旅游、无污染汽车等,将这些知识、观念与技能作为中小学环境教育的内容,渗透到相关学科的教材中去,给中小学传统学科增添了极具活力的、新鲜的教学内容,促使中小学环境教育跟上国际发展的进度,满足未来发展的需要,让中国中小学生从小就树立起新的资源观、环境观、价值观和道德观。

1992年8月,由中共中央和国务院批准,中共中央办公厅与国务院办公厅转发的外交部、国家环保局《关于出席联合国环境与发展大会的情况及其对策的报告》,提出了在社会主义市场经济条件下,中国环境与发展的十大对策,其中对策之一就是:加强环境教育,不断提高全民族的环境意识。1992年11月全国环境教育工作会议纪要指出:国际上环境教育出现了新的动向,正在由原来帮助人们正确认识环境、掌握解决环境问题的知识和技术,向促进人们树立可持续发展观念、提高有效参与的技能这个方向转变。国家教委1992年11月颁布的《九年义务教育全日制初中地理教学大纲》规定:以"环境—资源—人类活动为线索,正确阐明人地关系"为原则确定教学内容,把"树立正确的资源观、环境观、人口观,懂得要协调人类发展与环境保护的关系"纳入教学目的。由此可见,20世纪90年代中国中小学环境教育的发展方向,总体上与国际接轨,取得了一定成绩。当然,也不可避免地存在一些问题,主要是环境教育要针对可持续发展的目标不够清晰,环境教育在推动中小学生积极进行环保实践方面显得薄弱,环境教育方式方法比较单一,环境教育在中国各地区之间发展不均衡等。

90年代环境教育的基本战略是加强环境教育,以适应可持续发展的需要。环境教育不适合作为一门孤立的学科来实施教学;它必须在各科课程中都占有一定的位置。无论国外还是国内,以往都把环境教育、资源教育、人口教育与发展教育看成似乎是互不相关的学科。1987年以后人们的认识比较明确了,人口、环境、资源与发展教育可以有机结合起来,原因是它们有一个共同目标:实现经济增长与社会进步的可持续发展。环境与发展是相互对立统一的辩证关系。环境问题,排除一部分自然灾害之外,都是由国民经济与社会发展中人为作用形成的。而环境问题的防治与环境质量的改善和提高,又依赖于国民经济与社会发展水平,即综合国力水平。自然灾害、人口爆炸、生态破坏、环境污染、资源匮乏成为实现可持续发展的重要限制因素,而优美、清洁、安静的环境能够催化可持续发展。

3.在中小学开展环境教育,是当代物质文明建设的需要

环境是人类生存与发展的基本要素,是物质文明建设的基础。物质文明建设就是人类依靠物质生产活动持续地创造物质财富,来满足广大人民群众日益增长的物质文化生活的需要。物质生产的规模和效益决定于劳动者、劳动工具及劳动对象三个要素的质与量的对比关系。三者都不可或缺。现在的中小学生是21世纪的劳动者,他们的科技文化素质,尤其是环境与发展意识,对将来的物质文明建设的影响极大。假若

不从小就培养与增强中小学生的环境和发展意识,不从小就增强中小学生保护环境的责任心与义务感,在他们走上工作岗位后,甚至成为决策者之后,就有重蹈覆辙的可能,使环境污染、人口爆炸、资源匮乏、生态破坏继续成为中国经济增长与社会进步的严重限制因素。

4.在中小学开展环境教育,是环保工作的特性和地位所决定的

在中小学进行环境教育,是由环保工作具有长期性与艰巨性的特点所决定的,也是由环保工作在国民经济与社会发展中的地位所决定的。中国的环境污染与生态破坏绝非在短时间内所能解决的,需要几代人长期坚持不懈的艰苦努力。因而,抓好中小学生环境教育有深远的意义。一方面是面向未来及面向世界,既要解决现在中国面临的环境问题,又要避免以后可能出现的新环境问题。例如20世纪50年代末60年代初在国际上是发达国家环境污染最为严重的时期,经过近30年的防治,发达国家过去像八大公害事件那样的大气中黑烟滚滚、江河湖泊污水肆虐的区域污染状况确有改变,局部与区域环境问题有所解决。却又出现臭氧层耗竭、酸沉降、生物多样性锐减、全球变暖、扩散和危险废物越境转移等一系列全球环境问题。另一方面,由中小学生去影响与教育家长以至全社会。例如1995年6月世界环境日前后,北京市宣武区白纸坊街道办事处(社区)组织本社区内的中小学生进行环保知识竞赛,参与中小学生环保宣传队活动,学生跟区人大代表、政协委员、环保监督员共同参与本社区内的烟尘、噪声监测,并且提出防治意见。学生接触了社会,开阔了眼界;经由学生去影响教育家长乃至全社会,将中小学环境教育与社区环境教育有机地结合起来。

(三)制定中国中小学环境教育条例

20世纪70年代初美国联邦政府曾计划修订《美国环境教育法》,却一直没能被联邦国会批准。20世纪80年代中期,该法由国会通过,要求

各州制定并实施各州环境教育法。但直至今日,美国 50 个州只有威斯康星、佛罗里达等 8 个州制定了州环境教育法。新泽西州几年前拟订了州环境教育法草案,却未能被州议会通过。

中国从 1978 年 12 月中共中央批准的《环境保护工作汇报要点》的通知中指出:从"普通中学与小学也要增加环境保护知识的教学内容"开始,15 年来在一系列有关环境保护法规及政策中都对中小学环境教育做出过一两句话的战略要求及原则规定。

20 世纪 90 年代初,中国国家环保局曾经组织并拟订过《环境教育工作管理办法》,此办法虽经广泛征求意见,作了 6 到 7 次修订,并计划在全国环境教育工作会议上讨论修改后下发。但于国家环保局内部审查时被否定,此事就搁置起来了。该办法分总则、任务、管理机构与职责、经费和人员、奖惩、附则等。主要问题是管理机构与职责划分不明确,经费与人员编制不好解决。

我们建议,在《环境教育工作管理办法》还未出台之前,国家环保局宣教司可以与国家教委基础教育司、师范司合作,首先制定《中国中小学环境教育条例》,该条例基本内容应包括中小学环境教育方针、原则、目标、教学要点、任务、教学资源建设、师资培训、经费和人员、管理机构及职责、表彰与奖励等。条例可由国家教委与国家环保局批准颁布。关于管理机构可以通过教育及环保行政主管部门有关人员组成一个协调组织,下设负责具体事务的办公室与负责具体业务的教学指导委员会。不设新机构,人员不占编制,经费于原有渠道上解决。这样的条例比较适合中国国情,且容易被通过,让中国中小学环境教育日益从自发轨道迈入法制轨道。

1986 年上海市中小学环境教育协调委员会正式成立。委员会由上海市环保局与教育局组成,下设办公室,除环保局与教育局外,中国福利会少年宫和上海市科协少科站也参与办公室工作,统一部署、检查及考核全市中小学环境教育工作。通过在市中小学环境教育协调委员会的组织与推动下,全市除个别县外,各区县都建立了相应的协调委员会,学校成立了领导小组,从组织上保证了上海市中小学环境教育制度化、规范化与经常化。为解决上海市中小学环境教育经费的缺乏,1994年6月在中美合资上海庄臣有限公司倡导下,每年提供20万元人民币用以成立《上海庄臣青少年环境教育基金》,基金用于跟青少年环境教育有关的项目及活动。

在《中国中小学环境教育条例》出台之前,国家环保局宣教司与国家教委基础教育司可以联合发一份《关于在中小学开展环境教育的若干意见》的文件,可以将条例的基本精神规划进意见之中,在实践中渐行修改,最后形成条例。

中国许多省、自治区及直辖市有关环保与教育行政主管部门都曾针对中小学环境教育联合发过文件。例如,1990年5月湖南省环境保护局与湖南省教育委员会联合下发《关于加强我省中小学校环境教育工作的意见》。

(四)中国中小学环境教育规划和计划

联合国教科文组织和环境规划署,依照1972年6月联合国人类环境会议96号提案之精神,对联合国136个成员国环境教育的需求及重点进行了调查,经过几年的筹备,于1975年正式制订并开始实施国际环境教育计划(IEEP)。该计划阐发了环境教育的目的及意义,作用及必要性,目标及内容,指导原则及实施方法,以及怎样将环境教育纳入诸成员国的教育体系中去等。每2年编制一个详细的、国际及地区的活动计划。

联合国上述两组织在1987年8月于苏联莫斯科召开国际环境教育与培训会议,会议讨论并制定了20世纪90年代国际环境教育与培训的战略规划。会议呼吁：现在是各国政府依据本国需要及教育政策,采取该国际战略规划的模式来制定本国 20 世纪 90 年代环境教育与培训战略规划的时候了。同时倡议:1997 年再举行一次国际环境教育与培训会议,并制定一项 21 世纪前 10 年的环境教育与培训计划。

1980 年 5 月在江西庐山第二次全国环境管理干部训练班上,国务院环境保护领导小组办公室会同有关部委、局,制定了环境教育 10 年发展规划草案。该规划草案主要内容是对高等院校专业环境教育及在职干部培训进行了部署,中小学环境教育仅提出原则,没有具体要求。

中国在《国民经济和社会发展第六个五年计划》中,把保护与改善环境当作国民经济与社会发展的十大任务之一,特别列出环境保护一章,对环保工作加强了计划指导,环保工作正式纳入国民经济与社会发展的五年计划及年度计划之中。“七五”期间,环保计划作为《国民经济和社会发展第七个五年计划》的详细计划独立公布,并设有环保宣传与教育章节。“八五”期间,国家环保局宣教司组织编写了环境教育“八五”计划与十年规划纲要,该纲要对中小学环境教育普及率设立了低、中、高三种目标,但因未与国家教委协商,无法检查考核。

我们建议,国家环保局宣教司与国家教委基础教育司,联合设立国家中小学环境教育规划小组,负责十年规划与“十五”计划,并制定实施细则及办法;各省、自治区及直辖市可以制定本地区的计划、实施细则及办法,将中小学环境教育纳入国家及地方教育体系中去。中小学环境教育规划的主要内容包括:(1)确立规划期与计划期内的目标;(2)构建实施与运行框架;(3)各部门工作的分工与协调;(4)开发信息管理系统;(5)经费的来源、使用与管理;(6)教材建设;(7)课程开发;(8)课外、校外及社会实践活动;(9)师资职前培养及职后培训;(10)教法研究等。此外,中小学环境教育规划及计划要将目标与指标实施的有利条件及主要障碍进行全面分析,有针对性地拟订实施措施及办法。中小学环境教育规划及计划制订与实施过程是一个动态滚动过程,依据客观情况的发展可以不断地修改与更正,逐步完善。

1996 年 12 月,国家环保局、中宣部、国家教委联合制定《全国环境宣传教育行动纲要(1996—2010)》。

20 世纪 80 年代美国 H.R.亨格福德(Hungerford)等人制定了中学环境教育纲要,为中学生提出 3 年的课程计划。1989 年联合国教科文组织把此纲要介绍给世界各国中学环境教育工作者,作为发展中学环境教育的重要参考资料。

中国现在未能制定中小学环境教育纲要。但由国家教委审查通过,于 1993 年始试用的九年义务教育有关学科教学大纲中,规定了环境教育的要求及内容(参阅第二章表)。从表中可以发现,与过去的教学大纲相比,新大纲已经将环境教育的目的与要求、原则与内容,渗透与结合到各学科的教学要求及教学内容之中,并且注意到:(1)把人口教育、发展教育与环境教育、资源教育密切结合;(2)把环境教育与国情教育、思想品德教育紧密结合。

纲要与大纲是环境教育的核心文献。我们建议依照中国人口、环境、资源与发展的特点,以环境教育趋向于可持续发展为中心,把人口教育、发展教育与环境教育、资源教育结合起来,制定一份中小学环境教育纲要,作为中国中小学进行环境教育的指导性与纲领性文献。此工作可由国家教委基础教育司发起,组织部分高师及中师、中央教科所、人民教育出版社等单位,组成纲要制定小组。纲要至少应包括教学目标、教学内容与教法指导三部分。纲要既要简明与扼要,又要具体与可操作。纲要是今后学科教学大纲制定与教材编写的依据,不能以现有学科教学大纲与教材来制约纲要的体系及内容。纲要可划分成为小学、初中、高中三种水平层次,制定一个螺旋上升的环境知识、观念、技能、态度与行为的纲要,随着学生年龄增长,持续深化教学内容及提高教学目标。要先制定纲要,根据纲要制定学科(或课程)教学大纲,再根据大纲编写教材。

(五)课程模式和教学方法研究

当代社会知识爆炸,不可能将所有知识全部传授给中小学生。因而,教育工作者必须精心挑选,将提高中小学生文化科学素质中最重要、最急需、最合适的知识教授给学生,这就是中小学的课程开发与设计。中小学课程内容大体上有 3 个来源:(1)传统的旧学科;(2)新形成的学科,包含多学科的、跨学科的新科学;(3)国民经济与社会发展中出现的重大问题。

环境教育是 20 世纪 70 年代形成的一门新的跨学科的教育科学与环境科学的分支。环境教育不同于传统的学科教育。传统学科教育往往是抽象的,脱离现实生活的,只注重知识的传授,不注重学生观念、行为与技能的培养。环境教育具有以下四个特点:(1)是关于环境的教育(教学内容——知识),是以保护、改善与创建环境为目标的教育(教学目标——观念、态度、行为与技能),是在环境中的教育(教学方法——参与);(2)是以多学科、跨学科、学科交叉形式进行教学的;(3)不单传递新科技与新文化,并且发展了科技与文化,并催动教学内容的日益革新;(4)环境教育不应该定义为一种补充现有学科教学内容的新学科,而应是多种不同学科、多种不同教育实践活动,为传授与传播环境知识,调查本地区环境质量状况,处理本地区环境问题,为本地区环境实施管理而共同作出贡献的过程。

学校课程开发与设计是学校教学计划中尤为关键的一环,与大众媒介传播不同。现在国内外关于中小学环境教育课程开发与设计是两种模式,颇有争议,没形成统一的看法。一种模式是以独立开设课程的方式实现环境教育目标及要求,另一种模式是将环境教育目标、要求、教学内容,通过渗透与结合的方式,分散到其他学科的课程中去,在进行其他学科教学的同时,也进行了环境教育(参阅图1和图2)。关于这两种模式的优缺点见表3。

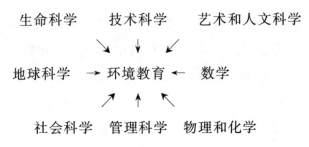

图1　独立设课模式

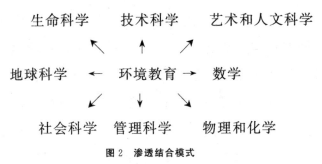

图2　渗透结合模式

研究显示,中国中小学环境教育课程的开发设计,在九年制义务教育阶段,主要应用渗透结合的方式;在高中阶段,应采用独立设课的模式开设环境选修课。这是适合中国国情的,也是适合国际上中小学环境教育的发展方向的。小学阶段,以自然与社会两门课程为主,其他课程相配合,开展渗透与结合方式教学;以课堂教学为主,课外与社会实践活动因地制宜,灵活掌握;以各科教学大纲为纲,以各科教材作为根本,渗透于课内,寓于课外。初中阶段,把九年制义务教育全日制初中课程计划及各科教学大纲作为指导,以初中地理、生物、化学以及物理为主,其他课程配合,采用渗透与结合的课程方式,进行环境教育。中国初中现有课程门类已经很多,除环境教育外,还有人口教育、国防教育、青春期教育、劳动技术教育、法制教育等,若都挤进课堂,学校教学计划及学生负担都不能承受。我们建议,高中阶段,在中师、中专、职高及技工学校中可以设立《环境与发展》必修课;在普通高中,应该坚持单独在高中一、二年级开设《环境与发展》选修课,在有条件的地区也可以渐渐向必修课过渡。在此教材未编出之前,可试用人民教育出版社 1994 年的高中选修课教材:《环境教育》。在确实不具备条件的学校,仍然可继续在有关学科中采取渗透与结合的课程方式,进行环境教育教学。必修课应要求在一学年内完成,并限制在每周一个学时之内。

独立设课与渗透结合两种课程模式优缺点对比

对比内容	独立设课的特点	渗透结合的特点
实施难易	如果教学计划中允许增加课时,则比较容易实施。教师培训人数比较少	教学计划中不需要增加课时,但各学科之间要协调,避免重复。教师培训人数较多
教师能力	对教师能力要求较高	各学科教师能力可以不同
课业负担	增加学生课业负担	可以不增加学生课业负担而开展有效的、生动活泼的教学
课程开发	课程开发容易	必须对现有课程内容和顺序重新调整
效果评估	容易进行综合评价	很难进行综合评价
适应程度	高中开设独立课程比初中、小学开设更好一些	适用于高中、初中和小学开展环境教育
教学迁移	比较难开展有效的迁移教学	迁移教学和综合教学包含在这种模式之中
教学条件	需要较多仪器设备和活动场所,要求经费较多	在原有学科教学基础上开展环境教育,因此,比独立设课花钱较少

中国中小学环境教育要求经常的教学方法有:启发式讲授法、实验法、模拟演示法、影视录像观摩法、调查法、野外考察法、参观法、角色扮

演法、环境质量监测法、有争议环境问题讨论法和辩论法等。但大量应用的仍是讲授法。环境教育最基本的问题是要解决教什么（教学内容）及怎么教（教学方法）的问题，10多年来，对中国中小学环境教育教法研究，经广大教师的努力，取得了一定成绩。如北京师范大学实验中学开设高中环境化学实验课；上海复旦大学附中建立环境教育5大基地，即市区重点污染源考察基地，农村环境实习调查基地，城区环境监测基地，市级环境污染处理设施参观基地，学校环境监测试验室。然而，针对全国来说，教法研究依旧是中国中小学环境教育的软肋，今后有待加强研究与普及推广。

（六）面向青少年的非正规环境教育

中小学环境教育不单需要教师在课堂上采取各种教学方法，利用各种教学资源；而且还需要教师在课外、校外与社会实践活动中，努力利用校内外各种教学资源。对青年一代，不单要灌输环境知识，启蒙环境意识，树立环境观念；还要在力所能及与贴近生活的原则下，鼓励中小学生积极参加环境保护实践活动，在实践中提升环保技能，让他们在走向不同工作岗位后，能够自觉地履行保护环境的责任与义务。因而，面向青少年的非正规环境教育与正规环境教育的目的及目标是一致的。

非正规环境教育可分为非参与性活动与参与性活动两类。非参与性活动是指受教育者是被动接受的。比如阅读环境报刊（《中国环境报》、《环境》等）；收听广播收看电视（中央电视台的《动物世界》、《人与自然》等节目，《新闻联播》中有关国内外环境状况的报导、《中华环保世纪行》的一系列报导等）；参观动物园、植物园、自然博物馆、水族馆、青少年科技馆、自然保护区、城市园林和国家公园、环保防治设施（如城市污水处理厂和垃圾处理场）环保展览以及听讲座和报告等。参与性活动如夏令营（像中国环境科学学会、北京、广州、上海等全国许多地方，自20世纪80年代初开始，每年暑期都组织中学生环境教育夏令营）；护鸟爱鸟（中国规定每年 4 月至 5 月初的一周为爱鸟周);植树造林(中国规定每年 3 月 12 日为植树节);环保知识竞赛;课外科技活动(如中国青少年生物百项活动)等。

在中小学实施环境教育,不但要抓好课堂教学这一主要环节,课外、校外与社会实践活动也是一个重要环节。丰富多彩的实践活动,不但增强了中小学生学习的兴趣,而且也增长了他们的知识与技能,使他们的生活习惯与态度有所改变。例如,1993 年穗港"绿色希望"环境科学夏令营,香港中小学生十分注重日常生活方式是否符合保护环境与生态平衡的原则,注重培养学生对环境问题的警觉性,并且把这种警觉性潜移默化为日常生活的习惯与行为,把保护环境作为每个公民必须具备的社会公德素质。这些经验是值得我们借鉴的。

中国科协青少年工作部、国家教委基础教育司、国家自然科学基金委员会生命科学部及中国青少年科技辅导员协会,自 1989 年第四季度起,至今一直在联合举行中国青少年生物百项科技活动。为更好地与持久地进行此项活动,他们还聘请了 10 个跟生命科学相关的全国性自然科学学会作为生物百项活动的指导单位,且委托他们邀约有关专家与学者编写并出版了《青少年生物百项科技活动丛书》。本套丛书分农业、植物、林业、动物、昆虫、野生动物、水产、微生物、环境保护、生态 10 个分册。近几年来,生物百项科技活动在青少年中大面积开展,产生了一些可喜的、有创造性的小论文、小发明等成果,例如上海市市东中学《常绿树种抗二氧化硫特性研究》荣获第一届全国青少年生物百项科技活动优秀项目一等奖。

中国科学技术协会,国家环境保护局及联合国儿童基金会驻中国代表处,自 1991 年 11 月到 1992 年 7 月举行一项大规模青少年环境保护知识竞赛系列活动,得到全国青少年的热烈响应,约有 2000 万中小学生积极参加这一活动。"保护环境——让所有儿童获得一个更为安全健康的未来!"是本次活动的宣传口号,也是活动的目的。系列活动内容千姿百态,主要包括讲环境科普故事,读环境科普书刊,写环境调查报告,画环境保护图画,提环境保护建议,进行环境知识竞赛。系列活动形式活泼多样,青少年易于接受也乐于接受,并且又得到各地政府和社会各界人士的鼎力支持,系列活动开展得轰轰烈烈,许多在地方上搞科普活动的同志说,这是当地有史以来规模最大、参加人数最多、普及面最广的青少年科技课外活动与系列化的知识竞赛活动。1992年4月在北京举办中国青少年环境保护知识竞赛系列活动的全国决赛。中央电视台在6月5日晚播出决赛专题节目,并邀请竞赛获胜者参加7月在江苏连云港举行的全国青少年环境科技夏令营活动。

国家环保局宣教司与中国环境科学学会合作,1995年8月,举行"我需要地球,地球需要我"全国环保征文活动。此活动得到美国通用汽车公司赞助。各省、自治区、直辖市及计划单列市参与征文活动,在各地区评比的基础上,有400多篇征文参加全国评审。先组织人力在400多篇征文中进行初评,评出130多篇优秀征文。基于此,又经王蒙、陈建功、李国文、方如康、陈祖芬等10名作家及专家组成的评审小组,评出一、二、三等奖若干名,其余为纪念奖。经编辑加工这130多篇征文,正式出版文集,并在人民大会堂举行颁奖仪式。北京市西城区孝友小学学生李炎的文章"鸡为什么不下蛋了"荣获一等奖,获得了评审作家与专家的一致好评。

针对怎样进一步搞好面向青少年的课外环境教育活动,我们提出如下几点建议,作为有关部门的参考。(1)中国环境报社,尽快出版发行针对中小学生的《中国青少年环境报(周报)》;(2)中国环境科学出版社尽快出版发行《中国环境教育》杂志,该杂志应当开设中小学环境教育栏目;(3)广播及电视覆盖面大,并且是青少年最喜闻乐见的教育及娱乐方式,中央电视台、中央教育电视台和各地方教育电视台,增设针对青少年的环境教育的节目,并尽量在"黄金时间"播出,争取成为固定节目;(4)国家环保局于"九五"期间,积极筹建中国环境保护展览厅;(5)有条件的国内中小学,不但建设优美校园环境,还应争取与社区、公园、自然保护区等单位合作,进行青少年课外环境教育活动。

编者注:1996年12月,国家环保局命名吉林化学工业公司、山西太钢渣场、海南兴隆热带花园、浙江宁波市腾头村四个单位为"全国环境教育基地"。

(七)关于教学资源的建设

我们这里所说的教学资源包括什么呢?一般来说,教学资源包括一切可以支持教师更好更方便地进行教学活动的东西,主要包括:(1)资料(有关中小学环境教育方面的信息);(2)教材(课本、教学参考书、音像制品、地图、挂图等);(3)设备(投影仪、幻灯机、电脑、音像设备及其辅助教学 CAI 软件、环境质量、监测仪器及设备多媒体等);(4)校外教育基地。

美国、英国等不少发达国家,国家教育行政主管部门只下发一个中小学各学年的学习计划,规定学生每年必须学哪些课程,没有统一要求的教材,教师能够自主地选择他认为适合学生的教材。中国是全国中小学生使用同一课本。1993年之后,实行一纲多本。1994年11月,我们课题组协助课题研究,举行了中国中小学环境教育优秀教材征集与评比活动,共征集到环境教育教材与教学参考书43种、65册,包括公开出版物22种、31册;内部发行及油印讲义21种、34册。由北京市教育局编、文化艺术出版社出版的《环境保护》(包括《环境保护教学参考资料》)等4种荣获一等奖,由桂林市环保局编、广西师范大学出版社出版的《环境保护(小学、初中、高中分册)》等12种获得优秀奖。1995年5月国家环保局与国家教委联合组织了中小学与幼儿园环境教育教材评比工作,这次活动收到正式出版物40多种,经专家评审,评出优秀教材14种(其中一等奖3种,二等奖5种,三等奖6种)。

据不完全统计,截至现在,全国配备电脑的中小学已多于 1 万所,在北京、上海、天津和广州等大城市及沿海开放地区,中小学电脑普及面更高,例如上海 96％的中学有电脑房。电脑声、像、文字、动画并具的多媒体教学软件及游戏软件已经渐行推广,这是最受学生欢迎、学生乐于接受的一类教学资源。当然,从总的来说,中国中小学,尤其是农村中小学,教学设备是极为紧缺的,不少设备已老化,急需更新换代。问题的根源,依旧是缺少资金。发展是硬道理,经济上不去,环保工作与教育工作,当然包括环境教育工作就不可能搞上去。

针对教学资源建设,我们课题组建议:(1)国家环保局委托基层科研教学机构,建立中国环境教育信息系统(资料库),对已有的环境教育研究与试验资料收集整理,杜绝重复研究,鼓励创新研究,以利于跟国内外同行交流;(2)国家教委宜在中小学教材审查委员会中增设环境组,担负中小学环境教育教材的审查;(3)国家教委师范司组织高师进行高师跨系选修课《环境与发展》的课程教学大纲跟教材的编写。1993 年国家教委制定的专升本(非师范类)环境保护概论复习考试大纲与 1994 年出版的考试参考书可用作参考。大纲与参考书除绪论外,分环境与环境保护、人口与环境、资源与环境、环境污染与生态破坏、发展与环境、环境保护对策 6 部分,这种结构体系符合目前国际上环境教育的发展趋势,将人口教育、环境教育、资源教育与发展教育有机结合起来;(4)国家环保局组织动员各地、各级环保研究所及监测站,把淘汰、更新与闲置的仪器及设备,无偿地调拨到当地中小学及青少年科技馆使用;(5)林业部、国家环保局和国家教委联合,建立一个野外环境示范性教育中心,中心不仅是中小学生野外环境教育活动的基地,而且又是环境教育师资培训的基地。

(八)环境教育的关键是培训教师

中小学环境教育主要依赖广大教师来实施,教师环境科学素质及环境意识的提高,是落实好中小学环境教育的关键。所以,自 1975 年的贝尔格莱德会议,1977 年的第比利斯会议以及 1987 年的莫斯科会议,都将师资培训作为中心议题。贝尔格莱德会议以前,联合国教科文组织的一项调查显示,81% 的国家认为,师资培训是环境教育工作中最急迫的任务。

师资培训按岗位可分为职前培养和职后培训;按培训内容,可分为初级培训与继续教育。

目前中国教师职前培养方式是,部分中等师范学校设立环境保护选修课,大多数中师在有关传统学科中融入环境保护教学的内容,培养能担负小学环境教育的教师。部分高等师范院校设立环境科学系或专业(如华东师范大学等);有些高师在地理等专业中修改教学计划与课程安排,让毕业生不但能胜任中学传统学科教学任务,而且又能胜任环境保护课程的教学任务(如山东师范大学地理系等);有些高师,于全校各专业中设立跨系环境保护选修课(如北京师范大学环境科学研究所等)。在职培训,主要靠各地区的 200 多所教育学院。部分教育学院(如北京教育学院等)已经将环境教育规划进教师培训计划,对中小学在职教师培训发挥了重要作用。另外,自 1993 年夏秋开始,每年暑期,国家教委及国家环保局联合举办全国中学校长、教导主任环境教育培训班。然而,职后脱产培训终究人数有限,大多数教师靠在职岗位培训。例如上海、北京、武汉等市自 20 世纪 90 年代初起把环境教育的要求与内容安排到地理、生物、化学教师的岗位培训计划当中。除岗位培训外,各地区还举行观摩示范课活动;组成联合备课组,集体分析教材、探索教法和编写教案;这些都是较好的在职教师培训的方法。

目前中国教师初级培训,培训目标是没有受过环境专业训练,对环境基本知识不够了解的教师。培训中为他们开设《环境保护概论》课程,把普及环境科学知识作为主要内容。继续教育的目标是受过环境专业训练或有一定环境基本知识的教师,为他们设立《环境与发展》、《环境生物学》、《环境化学》、《全球环境问题》、《环境实践活动指导》等课程,来适应环境教育要面向可持续发展的需要。

师资培养工作是一项专业性(教学内容)与艺术性(教学方法)很强的工作,必须靠高等师范院校和中等师范院校来进行。正如国外有的学者针对建筑专业教学所指出的那样,建筑师在黑板面前不能成为优秀教师,如同教师在图板面前不能成为优秀建筑师一样。总体上来说中国中小学师资数量大,质量低,培训任务十分巨大。我们课题组认为,中国采用办培训班脱产学习的常规的办法,未能解决燃眉之急,必须充分依靠电视、函授等方式,进行师资培训。因此,我们课题组建议:(1)国家教委师范司举行一次全国师范院校环境教育工作会议,要求全国师范院校各专业设立普及型的跨系选修课《环境与发展》,在各级师范生中普及环境知识;(2)中央教育电视台和各级地方教育电视台,在中小学教师学历及岗位培训计划中,将环境教育的要求与内容纳入计划的轨道;(3)国家教委基础教育司组织审查并推荐现有的渗透结合课程模式的各科、各阶段(小学、初中、高中)的教师教学参考书,供各科、各年级任课教师参考。

(九)环境教育的效果评估

教育的效果评估及影响评价是需要长期累积资料的。"十年树木,百年树人"就说明这个道理。对中小学学生实行环境教育,具有潜移默化与滞后生效的特点。从定性上来说,经环境教育,普遍认为有三方面明显的效果:(1)使青少年的环境意识得到强化,使青少年从小就获取必要的环境知识,确立正确的环境价值观念和道德观念,树立可持续发展观念,培养积极参与环保实践的行为习惯,掌握一些环境保护技能,在走向工作岗位后,能自觉地履行保护环境的责任与义务打下基础;(2)环境教育同国情教育与思想品德教育相结合,提高了学生的全面素质与思想道德水平;(3)环境教育掺入了极具活力的新鲜因素,拓宽并加深了有关传统学科课程的教育内容。

从 1980 年开始中国广东潮州环境教育领导小组,在全市 20 万名青少年中逐步普及环境知识,获取优异成绩,1989 年获得联合国环境规划署环境保护"全球 500 佳"的光荣称号。徐州矿务局由周美恩老师带领,1985 年成立徐州矿务局中学生小记者团,引导学生主动参加环境保护工作,小记者团的第一个行动就是对本地奎河污染进行现状调查,做出拯救奎河调查报告及绘制奎河河流污染源图。10 余年来,小记者团举办了 40 多场采访活动,被人们称作活跃在百里煤田的"环保小天使"。1995 年被联合国环境规划署授予环境保护"全球 500 佳"光荣称号。

20 多年来,在国家关注下,在广大环保工作者及教育工作者的共同努力下,中国涌现出一大批为环境教育做出突出成绩的先进单位与先进个人。为了充分肯定已有的成绩,推动环境教育事业的进一步发展,国家环境保护局与国家教育委员会决定表彰全国环境教育先进单位及先进个人,经由基层推荐、专家评审、领导审定,1995 年 5 月决定对北京市第十三中学等 44 个单位授予"全国环境教育先进单位"称号,其中在基础教育方面有 23 个单位;授予李宝泉等 220 名同志"全国环境教育先进个人"的称号,其中普通中小学、中师、中专、职高教师与辅导员以及各地区教育局干部 112 名同志;授予李国鼎等 9 位同志"有突出贡献的环境教育工作者"的称号,其中有 2 位中学教师。

1991 年 6 月上海市在中小学举行了创建环境教育特色学校活动,并授予延安中学等 10 所中小学为首批上海市环境教育特色学校。以传统评先进模式为其评选方法,即听取汇报,现场观摩,召开师生座谈会,专家提出评审意见。此种评选方式的缺点是主观随意性大,时效性比较强,缺乏定量的评价标准和指标。因而,上海市组织人力研究并建立了一套简洁、规范、统一的评价方案,给加强中小学环境教育动态管理找出一条途径,评价方案体现了直观性、可靠性及便于操作等优点。

为以后能定量评比先进单位，为便于中小学环境教育的量化管理，我们课题组建议由国家环保局宣教司教育处组织人力、拟订一个更简明的中小学环境教育普及率指标考核办法，以便在全国中小学中，将环境教育普遍地开展起来。

(十)加强国际交流和合作

中国中小学环境教育方面的外事活动，近几年来开始活跃起来。1975 年的贝尔格莱德会议，中国没有派代表参加，1977 年第比利斯会议和 1987 年莫斯科会议等国际环境教育会议及亚太地区的环境教育会议，中国都派代表参加了会议。1995 年 6 月在希腊雅典举行的"环境教育重新定向以适应可持续发展"地区间研讨会，联合国教科文组织邀请中国派代表参加，参会代表对中国环境教育十分关注，并真诚希望同中国加强交流与合作。

1993 年 5 月，北美环境教育协会等单位与华东师范大学合作，举办国际环境教育培训班，目的是借美国环境教育专家对中国中小学教师介绍环境教育的目的、概念、内容、基本原理、技巧、方法、支持系统及评价等。北美环境教育协会前任主席、世界野生动物基金会环境教育规划高级官员奥古斯·米丁纳博士等美国专家为学员们作了生动丰富的讲课，对此次培训班中美双方非常满意，且表达了期待再次合作的愿望。1994 年 3 月中英文化交流协会同中国国际文化交流中心及北京师范大学合作，组织了中英环境教育研讨会。英国派出三位环境教育专家参加会议。他们介绍了英国中小学教学方法、环境教育中使用的资料与设备、环境教育管理、师资培训等内容。

为了推动 21 世纪环境教育工作，实施可持续发展的战略手段，保护人类共同拥有的地球，广州市环境科学学会和香港地球之友联合主办国际环境教育研讨会。研讨会的主题是"21 世纪——环境教育之展望"。参加会议的有来自美国、英国、加拿大、澳大利亚、中国等地的 200 多位环境教育工作者,采用多种方式交流论文 100 多篇。联合国教科文组织的代表、国家教委、国家环保局、中国环境科学学会代表和广州市有关部门领导同志参加了开幕式。这次会议是国内通过地方省市主办的环境教育工作者的盛会,它对促进中国的环境教育工作将起到一定作用。

1995 年 6 月在土耳其举行的第三届国际环境科研项目奥林匹克比赛,3 名首次参赛的中国少年全部获奖。北京四中白昀获得金牌,其参赛论文是对昆明湖清淤的调查和评价;北京十三中徐周亚获银牌,杨晓莉获铜牌。辅导教师均为北京市西城区青少年科技馆周又红老师。

1995 年 10 月 18 日,国家环保局局长解振华与美国商务部长布朗在北京签署了"中美关于有益于环境的全球性学习与观察计划合作协议"。该计划是由美国副总统戈尔于 1994 年"地球日(4 月 22 日)"发起的,主要目的是动员各国青少年儿童经观察和收集当地的环境数据,由电脑处理后进行互换,以便更加清楚地认识全球环境现状和所面临的环境危机。参加这一计划的学生将能过 Internet 实现同位于美国科罗拉多州博德市的美国国家海洋大气局超级计算中心联网,实现数据交换和图像传递,同时,他们也可同其他国家参加 Globe 计划的青少年进行交流。中国参加 Globe 计划的首批试点校为:上海长宁区青少年科技活动站、北京师范大学附属实验中学、武汉大兴路小学、深圳实验中学。

1996 年后,我国关于中小学环境教育的国际合作日益增多,从而不断地吸收新的思想,方式也越来越多。这些都极大地促进了我国中小学环境教育的发展。

可持续发展教育是紧随可持续发展思想的提出开始出现的,大体时间为 20 世纪 90 年代初。为进一步促进中国中小学环境教育,普及可持续发展思想,中国教育部(前国家教委)、世界自然基金会和英国石油公司三方于 1997 年 7 月 14 日在北京正式签署"中国中小学绿色教育行动"项目协议书。合作期为 3 年(1997 年－1999 年),因合作富有成效,又延长到 2000 年 9 月。

"中国中小学绿色教育行动"是中国政府部门、国际非政府组织与外国企业在中国环境教育领域的第一次合作,它集中国教育部、世界自然基金会与英国石油公司的优势,三方实施了分别以管理、教育技术专长、人力资源与资金投入,共同管理的崭新合作模式,由合作三方各派两名代表组成的项目指导委员会是本项目的最高管理与决策机构。本项目分别在华东师范大学、北京师范大学、西南师范大学建立了环境教育中心,负责所在地区教研员、试点学校校长与教师的培训以及其试点学校进行环境教育的指导工作。在各省(市)教育部门的鼎力支持下,三个中心共计确定了 27 所试点学校,作为研究并推广绿色教育的基地。

本项目有两个明显的特点,一个是明确进行可持续发展教育,这跟环境教育有密切的联系,却又比环境教育更广泛、深刻。其目的不仅是要保护环境,还要走可持续发展的道路。第二是强调探究式学习方法,这种方法能够充分体现出可持续发展教育的思想与特点。在观念上,突出平等、开放、民主;在教育过程中,强调主动学习、积极参与、不断探索,形式生动、多样、有趣。这两个特色在"中国中小学绿色教育行动"所组织的多期教师培训班得到赞许,收到了意想不到的效果。

用于本项目教师培训的《可持续发展教育教师培训手册》已编写完成,由北京师范大学出版社出版。依据现有中小学教材、为教师上课渗透可持续发展教育而编的相关活动的材料,也将由人民教育出版社出版。

通过国家环保总局主持实施的、联合国开发计划署与联合国教科文组织支持的"开发互动式教学资料,提高中小学环境教育能力建设"项目(1997.10—2000.10)。强调互动式教学方法,它突出师生之间、学生之间、师生跟环境之间的双向联系、相互影响。要求学生积极参与反应与创造、积极思考,形成独立思考的习惯。互动式环境教育教材已大体编写完成。

从现阶段的报道来看，出国环境教育考察多，参加会议较少。在国际环境教育会议上，外国同行感到：①对中国的情况不很了解，《连结》上极少见到中国的报道；②中国环境教育专家没能形成群体，特色不明显。例如在 1995 年 6 月雅典会议上，分区域汇报现状时，亚洲是通过印度专家汇报的。1998 年 9 月王民博士参加了北美环境教育协会第 27 届年会，参会的还有世界自然基金会的刘蕴华和张艺两位女士，这被认为是大陆第一次正式派代表参会。因此，我们建议：①除派人员考察外，也应该派代表参加相关会议，介绍中国的情况与成果；还要争取环境教育方面科研项目的资助，深入地进行环境教育的推广和研究。②有关部门应及时将中国环境教育的进展，依靠《连结》与各国同行交流。③在吸收国外环境教育的经验时，应注意中国的国情，总结中国中小学环境教育的理论和实践。

二、关于五国环境教育政策的研究报告

鉴于国外其他国家环境教育对策对深入探讨我国中小学环境教育对策有十分重要的借鉴作用，本节编译"经济合作与发展组织（OECD）"1995 年出版的《面向 21 世纪的环境教育》研究报告中有关国家环境教育政策的研究内容。

1986 年始，"经合组织"开始着手"环境与学校初始行之（ENSI）"的研究。参与此项国际性尝试项目的有 19 个国家。该组织于 1995 年完成了对"面向 21 世纪的环境教育"这一项目的总结性研究报告。此报告中第四章以 5 个国家的环境教育政策为基础，进行了深入的研究，这 5 个国家为澳大利亚、奥地利、芬兰、德国和挪威，也包括了其他国家的情况。诚然，由于各个国家的基本情况各不相同，因而也没有一个国家能涵盖环境教育政策的全部的典型特征，本报告对环境教育政策的研究包括八个方面。

(一)环境教育政策的产生与发展

研究报告认为:在大部分国家,保护环境主要是一种群众性的社会运动,重点依靠大众媒体来传播及组织公众,政府对公众的环境关心表现出不同程度的反应。政府反应强烈的国家主要是环境脆弱的国家及环保运动强大的国家。在大部分 OECD 国家,公众比政府更关心环境,因而,环境教育政策发展是一个缓慢而持续渐进的过程。一些突发的环境事故,如核泄漏事故、海难油污染等,往往起到意想不到的促进作用。然而,环境保护和教育政策的发展,也会为一些突发事件所转移,如能源危机、政府重组等。

简单地说,西方国家的环境教育发展经常地表现为自下而上的过程,即由群众推动政府。此种过程同西方自 20 世纪 60 年代开始的世界性环保运动密切相关。但我国环境教育发展则经常地表现为自上而下的方式,即政府引导公众。从中国环境保护与环境教育大事中能够明显地发现这一过程。这种情况跟中国的工业化发展过程、对环境问题的认识和环境保护、国家体制、国际背景都存在关系。

研究报告认为,环境教育大体上是群众性社会活动或源于群众活动。也就是说,因受到环境威胁,群众对环境表现出极大的关注,这种关注激励了环境教育。然而,公众的这种关心往往不能马上转化成环境教育政策,例如,瑞士自然保护协会经长期努力,督促政府对于水污染与森林管理立法;瑞士教师催化了环境教育。但依旧没能设置国家级的机构来协调与支持环境教育活动,只有少数州设立环境教育服务及环境教育中心。

在环境教育政策建立上,有很重要的两方面的因素。一是社会机构有力推进,持续地教育、说服、动员普通公众关心振兴环保事业。公众对环保的关心越强烈,则社会反应越大。只有当对环境的关心形成具有巨大说服力而且有极大的压力方式时,才能引起社会的注意并形成行动上的反应。二是大众媒体(如广播、电视、报纸等)的重要作用,必须依赖媒体和公众交流,将对环境的关心表达给社会,且使公众的要求受到注意,敦促政府政策在经济利益与环境保护之间建立一种平衡。只要有可能,就要催化对环境的关心向环境利益制度化转化。

(二)政府的环境教育政策

报告认为,一般情况下政府颁布一些自愿的、地方自主而非强制性的政策,包括指明学校与教师遵循的课程开设原则与所需的时间;提供教育指导原则与课程材料以便于学校使用;政府支持那些同学校合作的专门的环境中心及研究计划。各个地方有一定的自主权,能够在规定的时间与空间内安排自己需要的内容,这一部分大约占整个课程的20%。在其他地方,政府对一些地方授权学校开发课程方案。在德国的一些州,课程指导是教师必须遵守的,而且还定期检查以确保执行。在挪威,国家招募中学生作为资料收集员,搜集相关资料。如在一段时间内对一个湖实施水质监测,并把信息汇报给大学,以利大学应用各种资料源实施资料分析。

大部分国家环境教育材料由商业组织、环保组织、政府研究与发展中心或其他组织开发,反映各自的观点。这些教材给学校提供了选择的机会。如荷兰鼓励学校从多种相互竞争的材料中选择。

从组织实施环境教育的政府部门来看,由教育部负责代替环境部负责的国家,环境教育进行得更有生机。以美国为例,授权环保机构(而不是教育部)进行环境教育,因而至少表现为政府的努力非常微弱。环境部似乎很难充分影响教育结构,并且他们有更加紧迫的事务需要关注。由教育部和环境局之间进行合作的效果也不明显。在荷兰,有6个政府机构涉入到环境教育开发中,耗时3年才制定出一个合作的、可接受的环境教育框架。很明显,在大多数国家,每个政府机构都在寻求他们各自独立的政策。

环境教育归属不同的教育系统,也常显现差别。如德国的巴伐利亚州,教育部出版了环境教育的指导手册;但下萨克森州,虽然也要求有相关行动,但仅出版了一些推荐读物;在巴登·符腾堡州,设立环境教育中心,教师与学生可在那里住上几个星期。澳大利亚的政策比较自由,政府提供指导性的国家课程,如"环境与社会学习",各个部门的不同努力补充了政府部门的作用。还有部分国家把环境教育下放,如西班牙、葡萄牙。

　　经济衰退导致教育经费缩减,使环境教育难以筹措资金进行新的项目是影响环境教育发展的另一个重要因素。芬兰中央部门的公务员裁员,没有多少钱投入革新及开始新项目。澳大利亚由于高失业与经济严重衰退的影响,使环境教育开展新项目特别困难。

　　经济利益常和环境行动有矛盾,因为有时环境行动会威胁到经济的增长。政府必须同许多既得利益集团协调,尽最大可能使这些竞争与冲突平衡。不过,经济利益常常具有最大的优先权。当经济和环境利益同步及互相加强时,环境教育能获得更好的成绩。例如,澳大利亚的部分地区为减少使用化肥过量对土地的污染,大力提倡有机农场。农场主凭借有机农场的产品同欧洲农业市场竞争。这种经济与环境共同的需要,使年轻的农场主对有机农场很有热情,这种做法也进入到农业学校从而被传授。

　　另外一种趋势是政府利用市场政策实施环境教育。在英国和荷兰,这种政策取得了成绩。在英格兰,政府将一部分大学教育经费拨给地方中学,以"购买"这些大学教师的教育服务,也允许"不购买"。这样使大学教师的教育扮演"出售者",而中学扮演这种教师培训的"买者"。在荷兰,教育支持机构竞价承包提供给学校的环境服务,学校既可"购买"也可"不购买"这种服务。私人公司和公共组织都被鼓励参与竞争。不久,在其他国家,市场政策可能会增加。

（三）对学校的影响

大多数国家对环境教育实行志愿政策，人们期望学校的环境教育有明显的转变。这种期望正在成为现实，学校环境教育显著加强，有关环境方面的读物不再"新鲜"，环境问题也不再仅仅是一个严肃的话题。当然，各个国家环境教育质量仍然是不同的。

进行高质量的环境教育，必须集中落实到学校内，这就需要转变教师的行动。人们评价政府实施环境教育是否成功的唯一标准，就是看它是否催化学校中进行高质量的环境教育。促进高质量环境教育的最好方式是提高教师的能力，其有效方法，是设立那些既能支持教师又可影响政府与公众的中间组织及网络。

一般来说，何处的政府政策鼓励、促进由教师、学校及支持组织组成的网络，何地的环境教育就能取得成功。因为，这些合作网能够促使某些行动并实现一些政府所不能实现的事。当然，这种合作网需要多种资源，包括时间、资金及承担义务的人。

不同国家的网站有不同作用。英国的苏格兰发展了学校与教师网，并得到政府支持，网站的努力使学校与老师的工作十分深入；美国的田纳西州谷地，有一个环境教育展示中心网，经由计算机同世界其他地方联系起来，但同联邦和州政府联系并不密切。

许多成功的网站工作显示，提高环境教育水平的最佳方法是高度集中的教师培训，在此过程中，教师深入参与。仅有信息传播策略还不足以发展高水平的环境教育。环境教育机构要实际参与到学校与教室中去。

另一方面，由于缺少明确有力的政府政策的支持，环境教育与学校发展相孤立。除非学校领导坚定地进行环境教育，否则，它会成为学校的一个真空带。家长不仅不愿意支持环境教育，也不愿意支持多科目的学习，因为他们害怕这会影响自己孩子的考试成绩。即使继续教育过程非常重要,但环境教育却不包含在教师培训项目中。教师们感到必须实施环境教育合作来克服上面的困难。在瑞士,环境教育还未进入国家政策层次,因此影响了学校的环境教育。从长期发展取得成功的角度来说,环境教育需要取得政府的支持。

学校与教师还须承担过重的负担。教育部门对学校有过多规定课程,环境教育需要同其他课程竞争。为减轻过重的负担,德国规定只讲规定课程中 60％的内容。德国的研究还显示,学校校长的影响是关键的,他们必须激励教师们去尝试新事物。目前,教师还未能试着主动实施一些新方法。

行动研究是环境教育的高级形式。可是,其他的环境教育形式也能获得成功,并且并非所有教师都能计划行动研究。因而,作为政策来说,重要的是鼓励诸多环境教育活动。在环境教育网络学校中,有一些行动研究的范例,这显示学校是可以完成的。怎样在其他学校也进行环境教育中的行动研究,这是政策必须考虑的问题。

考试对于环境教育也是有影响的。那些将考试作为教育导向的地区,环境教育在考试时显现的是一片空白。考试并非促进教育的最佳方法,却有很多政治家与管理部门都相信这个形式。现在,各地都缺少环境教育的评估方法。例如,挪威的报告中提出的两个主要问题是教师的培训(发展)缺乏评估方法和信息。

(四)几个值得注意的问题

即便环境网络研究提供了一个概念基础,用以进行环境教育。但有几个问题应当注意。

首先,认识到不同的地区存在巨大的文化差异是十分重要的。在一些国家,尤其是德语国家,政府对学生进行的环保行动有较大支持力。比如,学生可在社区内了解水污染,向地方当局提建议。对各种不同观念的忍耐往往是在学校内。还有一些国家,尤其是英语国家,在学校范围内,对学生及老师的行动都缺乏忍耐力。教师希望在教室中保持中立的地位,讨论双方争论的问题,而非倡导某种观点,否则会被认为是对学生"过分"的影响。很明显,不同的国家,行动研究采取了不同的形式。

其次,对自然的爱是同对家乡与国家的爱联系在一起的。更可取的是使环境教育成为一种国际关心但不仅仅是对国家或家乡的关心。环境问题的成因是具有国际性的,且也不可能由一个国家单独解决。只有国际上长期合作,环境保护与环境教育才能取得成功。

还有,有一些国家认为环境教育是一种深层的道德教育。如丹麦的学生讨论对农场动物的保护,引发了动物权利的讨论。

最后,有一个多学科共同努力的问题。各国的环境教育都缺少政治、经济、社会学及其他社会科学在理解环境问题上的结合,这种缺乏显现于各个层次上。虽然人们在教室中探讨核电站、化学农场及废物处理的生态影响,却很少有从政治、经济角度上对上述内容展开无偏见的讨论的。环境教育常常在一个或少数学科范围内进行,如生物学。客观地讲,单一的生物学分析很难促使复杂的社会问题成功解决。社会科学必须参与,如经济学及政治学。可是,这种多学科的结合,说说容易,做起来难。简单的合并这些学科并非跨学科的方式。例如在德国的巴伐利亚州,将环境教育主题分配给学校各个学科,每个学科在自己的范围内处理这些主题。芬兰的教师觉得中学课程管理很难将各个学科结合在一起,这样常常阻碍了环境教育方案的实施。因而,在能够实施多学科间共同研究与教学之前,有大量的基础工作需要去做,即便是在自然科学之间。

(五)高等教育的作用

环境教育同高等教育也是密切相连的。早在19世纪早期,大学就开始步入这方面的研究了,不少研究性大学在各个国家取得了巨大的进展。但也存在问题,明显不足是没能及时把握社会问题。

环境问题被视为多学科或跨学科之间的问题是恰当的。然而这种跨学科项目在当今的高等教育结构下却难以进行。环境教育作为生物学或化学内容的一部分，很难充分地包含各种训练。在大学中缺乏足够的训练活动。这种缺乏表明环境问题的相关研究没能达到应有的程度，教师也没能受到很好的培训。由于没有足够的信息和合适的组织，一些国家，如丹麦、瑞士，环境教育还没有包括在教师培训中。

这种缺乏促使了低一级的学校，尤其是中学，缺少应有的环境教育培训。环境教育作为一门学科还没有像物理、化学与生物学那样具有合法性。部分原因是因为在一些科学家的头脑中，环境教育还未能达到相应重要的地位。

大学在定义现代社会的基本知识结构方面起着主导作用。因而在大学把环境教育当作重要的课题之前，环境教育的进程受到阻碍。当然，由于某些教师在跨学科方面的努力工作而使这种影响在较小范围得到弥补，但这要求太多的教师在教学的同时，去拓展开发他们所教的知识。挪威提出一些关于中学直接接近大学专门知识的设想，然而这种大学同中学之间的相互影响能否成为解决这个问题的最佳方法还不太清楚。挪威大学有一种趋势，对初学者的教育加大力量，以发挥作用。

大多数国家的大学教育是传统的，因此那些将来可能成为教师的人不愿研究其他革新的方法。差不多所有国家的教师职前教育都不特别充分，很少有教师认为，目前为教师实行环境教育作了充分的准备。这是一个各国共同存在的问题。简要地说，传统的高等教育训练结构与教育实践阻碍了环境教育的进展。而且，高等教育机构正处在定义现行知识与创造新知识的关键时期。

（六）与经济发展的关系

另一个制约环境教育发展的因素是，环境教育要同经济发展竞争。商业组织常常反对环境行动，甚至争辩环境教育的内容，这特别表现在商业活动家身上。近期的《交通和贸易协议》基本上没有考虑环境问题。即便人们可以把里约热内卢的环境与发展大会看作是对环境关心的胜利,但这种环境关心同国际贸易的重要问题常常是相互独立的。

在所有国家,经济衰退成为了一个不保护环境的主要理由。例如,《北美自由贸易协定》受到加拿大、墨西哥与美国的环境主义者的强烈抵制,因为大公司把墨西哥看作垃圾场,这将引发严重的环境灾害。假若墨西哥采用美国与加拿大的环境标准,不少大公司将只好将工厂迁往东南亚。

假若全球的跨国资本自由泛滥的话,国际环境行动将受到制约。此种观点来自各国的学校中。并且,从政治角度来看,当国家行动成为一种需要的话,对世界范围的环境关心将承受更多的批评。

有助于环境教育发展的内容是职业培训。职业培训同工厂与经济直接相关。工业产品制造过程是主要的污染源,工人们更是污染的受害者。对环境问题进行教育能得到巨大的补偿。例如,制药工人不仅学到药品生产的过程及管理工艺,并且还要了解这种产品的环境后果。这能促使他们为了个人与社会,开展环境倡议活动。德国已经实施了普遍的职业培训项目。在这些项目中,环境培训是一个重要的主题。

大部分教育同全球经济相协调而变得标准化与私有化。在基础教育中,环境教育发现了它的位置,但却难以真正挤入中学课程(尽管已包含在课程指导之中)。在大学,环境教育则更显缺乏。当然,环保主义同经济发展之间的冲突是根深源长的,它深植于西方文化的生活方式中。此种文化,现在正包围、影响着世界许多地区。

匈牙利国家报告中指出,"环境教育的基本矛盾是其希望让孩子们接受同现代消费社会存在的模式截然相反的态度……这一改变是巨大的,——由无限多样的产品供应与广告宣传转变为实际上大面积的经济后退,而不是像环境教育本身那样温和、节制与适度。这样,孩子们才能拥有改变与影响意识的行动力量。"

作为支持者，世界银行将 20 亿美元分配给环境方案，用来管理全球环境设施(GEF)，还将总贷款由 1990 年的 3％增加到 1993 年的 8.4％，此款项主要用于环境项目方案上，最低有一半用于环境问题。尽管捐献国与受援国在哪些方案优先实施上有着不同意见，然而以这样目的而组织建立，从世界范围的环境关心制度化而言，是十分重要的，特别是它伸展到发展中国家。

(七)推进环境教育有赖于全社会

在大多数国家，环境教育开展作为一场社会运动，是环境(保护)运动的一部分。他体现出社会运动的特征，有杰出的领导、承担义务的参与者、相互竞争的派别、不同的信念与思想、正统的做法与高度分散的社会结构。

因参与者热情高涨地承担义务，有时对自己正在做什么缺乏自我意识。为促进环境教育，环境组织应重组成网络。只有这样，在分散的结构下，这些行动才能得以相互协调。为促使这些网络的发展，需要建设中间的组织，以发现改进环境教育的良机。

对环境教育来说，网络发展必须呈国际趋势，因为环境问题的源头是国际性的。许多国家主要的环境威胁都是来自国外。非常有必要建立地方的、区域的和国家的组织去干预政府行动与协调国际环境行动。

环境教育研究机构提出了一个国际合作和发展的模式，建设国际网络如同经济合作与发展组织(OECD)一样的有适当任务的国际组织。当然，建设这样的组织需要资金和合法形式的支持。假若这种工作同政府部门的行动近乎一致的话，政府常常会把这些活动组织接纳过来。然而，当受到批评或存在不同意见时，政府将取缔它的支持。从政府的观点看，需要有广泛群众运动支持的立法。公众把环境看作是严重问题，政府必须向公众显现他们对环境问题有何行动，很少有政府能完全忽视这种问题。

在公众的监督下，坚持环境教育又使之成为最优先的问题是另外一个重要任务。公众关注社会问题的精力是有限的，况且也只有少数问题会成为公众辩论的专题。排斥环境行动的组织不希望环境成为最优先的问题。一般说来，政治家利用权力，达成了一种问题与利益的平衡，来帮助他们维持权力。新的问题会打破这种权利平衡，特别是当新问题形成极大的争论性时。争论的问题影响到国内选民的分类，政府能够利用这一点来获得或维持权力。

因此，对于部分政治家而言，有一种习惯会限定新的政策问题。很少有市民对公共问题十分活跃，大部分国民愿意投票以关注他们的私人生活。常常，新的公共问题由活动家提出并引起公众注意，这样政治家被迫对这些问题显现一些政治姿态。杰出的政治家在权力斗争中曾经站在新问题的立场，并使这些问题突出化。环境问题变得突出的另一种原因是由一些破坏性事件导致的，如核电站的泄漏或其他环境灾难。政治家也会因表明广受欢迎的立场而非常著名，有时这些立场导致一些陌生的政治家围绕某些环境问题结成联盟。被环境问题包围的执政党有时会疏忽这些问题，而反对党将这些问题当作他们获得公众支持的一种手段，尤其是当这些问题还不特别普遍的时候。

活动家（少于人口的 5％）促使一些问题强化到公众意识中起到重要作用。作为一名活动家，需花费大量时间与努力，当他们看到一个问题非常重要，并值得花费他们的时间与精力，特别是当他们看到他们自己能够做到"有所不同"时，就会全力以赴。淡漠的人不会成为活动家。在重要问题上持有强烈观点的人能激发公众行动，并能促使政治家在政治上的赞同与行动。

因而，政府对环境教育政策的支持是通过活动家组织动员公众获得的。这些组织依靠激发行动主义和减少要承担的较高的个人花费来支持与鼓励他们的成员。强烈的行动主义甚至会导致"牺牲自己"，所以保存力量与激发成员是支持网络组织的重要一环。建立网络的作用对于环境教育的长期成功是十分重要的,因为它们提供了所需要的互相支持。

(八)环境教育政策的力量、弱点和可行性

最后,我们勾画出一个环境教育政策的力量、弱点及可行性的简要轮廓。这些弱点包含如下几个方面:首先,除少数国家外,大多数国家对环境的重视目前还没有上升到制度化。即使政府的政策出台,但对环境的关心还未能有力地显现出来。其次,在政府内外,有强大的反对集团,他们是机构化与组织化的。第三,环境运动分散且缺乏组织,分散的组织包含地方组织与一些行业组织。

然而,环境教育也有巨大的力量。首先是公众对环境真正的关心。调查显示,多数国家公众对环境的关心都是深切的,并未因政府或公司的许诺而减弱。其次是有大量奉献于环境教育活动的教育工作者。即便他们组织松散,但他们在世界各地进行各种行动。他们懂得该做什么,而且创造了大量的环境教育机会与资源。第三,现实的环境问题威胁并导致社会的事件不断发生,且激发了公众行动。也就是说,存在许多机会动员与激发公众对周围环境问题发表意见。

环境教育的另一价值是它不同于其他的对抗性明显的环境主义形式,对政府没形成大的威胁。环境教育被人认为是一种可接受的长期解决手段,由于它采取渐进的和平方式。一般而言,政府内外的环境倡导都能够接受一种渐进的方式,坚持长期的观点。环境教育者的工作成效一般不是一年、十年甚至几十年时间所能测得到的,而是需要几代。它不同于革命性的事件,它也不需要这样。

另一个发展策略是力求同反对环境教育的利益集团协调好,在条件许可的情况下达成协议。例如像职业教育或工作培训。

活动家们也能激发公众注意去批评环境问题,并希望公众敦促政府实行更多的手段。有时,因活动家的活动,引起媒体反应,且迅速引起公众的关注,可能同政府意见相矛盾。虽然,保护形式在文化上可以接受,其活动及意见才是有效的,但大部分国家情况并非如此。活动家能保持、加强及评估他们所完成的工作。

最后,为完成环境学习,建议应该采取一些与教育直接相关的行动。首先,要指出在教师之间怎样传播有关知识与教学实践经验。这可能是建设师资与学校网络最应该做的事。其次,要建设与支持同环境教育相关的环境研究,并且建立研究基地同学校之间的联系。即使这些在许多国家还未能受到重视,但假若要通过环境运动获得政府长期支持的话,这些认识是非常必要的。第三,要加强地方、区域、国家及国际间的协作与网络工作,在其长时间运行之中,要控制合理的规模,成功的环境教育政策要求建立这些机构。

第三章　独立设课式
中小学环境教育漫谈

第一节　独立设课式中小学
环境教育概述

一、国外中小学环境教育设课方式及评价

(一)国外环境教育基本模式类型

世界上不少国家,探索环境教育模式的时间较长,根据各国自身情况采用过不同的课程模式,概括起来,大致有如下几类:

1. 各科渗透模式

指定的和未指定的环境教育的部分内容渗透到已有的相关学科的课程内容中,穿插进行环境教育的方式叫各科渗透模式。如在生物课中通过各种生物的生存环境的恶化来进行环境教育,在地理课中通过污染对气候的影响来进行环境教育等。

2. 多科综合模式

多科综合模式是以各科渗透模式为基础发展形成的环境教育模式。它有专门的教育目的及教学要求和教学大纲,运用专题教育的形式,根据专题的要求由各相关学科联合完成环境教育的内容。它是独立开设的专题,又以有组织的各科合作、多学科教学的形式出现。

3. 独立设课模式

独立设课模式是以中小学环境教育所应包含的知识结构与知识体系

为出发点，单独设立一门环境教育课程，来增强环境教育效果的一种模式。

4. 分阶段模式

所谓的分阶段模式是指一部分国家依照不同年龄段学生的特点，于不同的阶段采用不同的课程模式。因而，可能既采用各科渗透模式，又采用独立设课模式。

此外，也有专家在上述四类模式的基础上还提到"户外课程教学模式"及"环境主题活动模式"，不过，与其说后两种模式是课程模式不如说是教学方式更显得恰当。

(二)主要模式的运用及其评价

纵观国外环境教育的课程模式，采用最为广泛的要数各科渗透模式与独立设课模式这两种。现对这两种重要模式的运用状况和运用特点进行介绍和评价。

1. 各科渗透模式的运用与评价

各科渗透模式是为世界各国广泛采用的一种中小学环境教育模式。因其内容分布在多科相应的课程中，无须专门的教师、教学时间、教学场地和设施，对于一些教育资源、经费、师资等较为短缺的国家来说，应为一种受欢迎的模式。

不少发展中国家像泰国、印度尼西亚、马来西亚、菲律宾、斯里兰卡、尼泊尔等国，在它们的小学环境教育计划中，都未单列一门环境教育课程，而是主张依靠在现行中小学课程中，加强同环境内容相关的教学，以实现实施环境教育的目的与目标，如在自然科学、社会科学、卫生、体育、道德等课程中开展环境教育。各个国家在采用渗透模式教学时，对不同的年级段融入不同的重点，如斯里兰卡在小学阶段主要是在科学、文化、社会等学科中渗透环境教育，在中学阶段的六到八年级主要是在社会科学中融入环境教育，十到十二年级主要是在生物学科中融入环境教育。

印度与孟加拉国要在六年级时才开始在历史学、地理学、公民及科学中运用渗透模式进行环境教育（六年级前为独立设课式）。有的国家依照学生的年龄差异，在不同阶段有不同的渗透内容，泰国在小学一、二年级的环境教育是要求学生关注自身周围的环境；三四年级开始关注水与空气的重要性及其污染问题与保护；五、六年级则要求跨越自己的周边环境，去了解水域污染、森林保护、生物圈的退化及保护、大气污染等更大的问题。文莱自1983年起就在小学的地理、自然、卫生保健课、历史中渗透环境教育；斯里兰卡在中学的公民学、科学概论、美学、卫生学等课程中渗透环境教育；伊朗则在学校的生物、生态学、社会问题研究、地理等科目的课堂教学中渗透环境教育。

事实上，部分发达国家和地区也采用过或正在采用渗透式环境教育模式。韩国将以环境为内容的教学单元同社会生活、科学等科目结合进行环境教育，在七到九年级主要是与文科和理科相结合，在十至十二年级主要是与本国地理和世界地理以及生物、科学等科目结合，以实现环境教育的目的。现在日本的初高中教育体制中，各学科都有各自研究环境问题的范围。初中的《社会科》包含："公害的防止、环境的保护与资源的开发"；《理科》里面包含："保护自然环境的重要性以及认识"等。高中的《现代社会》里包含："环境与人类的生活"；《综合理科》里包含："自然环境及其保护"等。总之，环境教育不是某个单一学科能够完成的工作，应当由多学科如物理、化学、生物、地理以及数学、教育工程学与社会科学等共同完成。

在环境教育的课程安排上，一些国家和地区认为，不适合将环境课程作为同核心课程并列的一门独立课程来教学，认为这样可能会造成学生孤立地看待环境问题，一般主张把相关的环境概念系统地渗透到各门学科的教学大纲里，将环境意识融入到已有的教学科目中。通过各科的教学,介绍同现实环境问题有关的事例。这种做法突出了环境知识同其他科目知识的联系,让学生充分认识到环境问题是同我们日常生活的方方面面紧密相关的。

渗透模式的显著缺点是:因涉及多门学科,往往容易使环境内容过于分散,不能明确分工,相互难以衔接,导致学习者接受不到系统的环境教育,容易把环境教育流于形式,达不到理想效果。为此,一些国家也探索了怎样利用渗透模式进行系统环境教育的方法。如马来西亚构建了三个步骤来渗透环境内容的方法:(1)识别相应的环境概念及这些概念在各具体学科中的渗透点;(2)选择并排列适当的学习单元;(3)制定教师课堂中使用的教材和视听材料。这无疑是一种改进的方法。

2. 独立设课模式的运用与评价

独立设课模式是一种运用日益广泛的环境教育模式。它是由科学领域中选取环境科学与此相关的概念与知识内容,并系统化地融合在一起,组成一门独立的课程。

现在采用独立设课模式较有影响的国家主要有印度、孟加拉国及澳大利亚等国。印度与孟加拉国的情况相似。自小学一年级开始便有了环境教育课程,只不过同其他许多国家不同,印度与孟加拉在小学六年级以前实行的都是独立设课式的环境教育,小学六年级才改为各科渗透式环境教育模式。在印度与孟加拉,小学一年级至五年级都开设了一门专门的"环境学"课程,内容包含自然和社会环境。小学一、二年级学生没有专门的教材,而教师有规定的教学大纲,教师根据大纲规定的教学单元和内容对学生提供贴近生活的专题,主要是依身边的情况培养对环境的感受。小学三到五年级则有了专门的环境教育教材,分为环境Ⅰ(社会环境)与环境Ⅱ(自然环境)两部分,前者内容的主要来源是公民、地理学、历史及经济学,后者则取材于动物学、自然地理、农学、物理学、化学及营养和健康等课程。

并由专任教师担任。在印度,小学一至五年级的环境课的授课时间占总授课时数的 15%。

澳大利亚很早就将环境教育列为一门独立的中小学课程,不仅筛选了多学科中的环境教育内容,而且从环境学科应有的知识体系组织独立的环境教育课程,来传授环境教育的系统概念和原理,内容涉及地理学、生态学、管理与变革、社会与文化等,成为制定环境教育主题的出发点。

独立设课模式把环境知识纳入系统的课程体系,在较大程度上杜绝了渗透模式内容零散、多学科难以统筹配合和教学效果参差不齐等缺点,使环境教育显现很强的针对性与系统性,从而教学效果最为明显。但独立设课模式需要有较多的财力物力投入,以及专门的设施与教师,因而,其推广受到一定的制约。不过,从环境教育发展的趋势来看,独立设课模式具有广阔的前景。

二、我国中小学环境教育的课程设置模式和问题

(一)我国渗透式环境教育模式的现状

我国中小学环境教育在 20 世纪 80 年代已露痕迹,但真正的推动期出现在 20 世纪 90 年代,特别是在《全国环境宣传教育大纲》颁发之后。这一时期环境教育的特点是城市较农村落实得好,沿海地区较内陆地区落实得好,经济发达地区较经济发展缓慢地区落实得好。在落实得较好的地区,其课程模式采用的是各学科渗透模式,即在各个相关科目的课程中分别渗透一些环境教育的内容。如现行的小学六册自然课本中就包括水、土、能源矿产的保护、空气和动植物与环境关系的环境教育内容;小学语文课本中有 20 多篇关于栽花种草、植树造林的课文,还有很多描写动物的课文;初中生物课本中涉及到了植物资源的保护、自然保护区等内容;初中地理中有我们居住的地球和乡土地理的内容;高中地理

中有人类活动与气候、温室效应和可持续发展等内容;高中化学中有三废污染与防治等内容。在教学形式上,以课堂教学为主,兼顾一定的课外与野外活动教学。但总的来讲,地区发展不平衡,整体效果不十分明显,同国际环境教育甚至同亚太地区一些发展中国家环境教育的状况相比,依旧存在着较大的差距。

(二)我国渗透式环境教育模式面临的主要问题

国家教育部为了进一步加强中小学环境教育的教学,于2003年初颁布了《中小学环境教育专题教育大纲》,但我国中小学环境教育实行的依旧是渗透式为主体的环境教育模式。目前我国渗透式环境教育模式面临着许多问题,简略总结如下:

1. 知识体系分散,同环境教育内容相关的各科老师的责任和分工都不明确,因而,教学过程中难以真正体现环境教育的内容,这是渗透式环境教育难以推行的重要原因。

2. 在应试教育的环境下,于各科教学中渗透环境教育,环境教育常常被看成是"额外的包袱",无法有效地予以实施,这是"渗透式"环境教育难以实施的关键原因。

3. 尽管各地学校支持各科教师进行环境教育,但到现在为止几乎没有几个人接受过环境教育的师资培训,更没有一个关于环境教育的系统的知识框架,因而也无法胜任这种渗透式环境教育。

三、设置中小学独立设课式环境教育模式的意义和条件

(一)独立设课式环境教育模式的实施意义

独立设课式环境教育模式是中小学环境教育的最有效模式。它的最突出特点是将环境教育作为一门独立开设的系统的学校教育课程,能让关于环境科学的知识体系、概念体系、方法技能等内容有机地结合在一起,容易让学生获得一种完整的环境学知识和技能。在中国进行独立

设课式环境教育,不但能解决各个学科分散施教所引起的内容分散、很难形成系统的环境知识的问题,而且还能真正提高环境教育的质量,实现尽快提高全国人民环境保护意识的目的。

(二)与独立设课式环境教育模式相匹配的几项工作

要实行独立设课式环境教育,就必须搞好与之相配套的几项工作:

1. 借鉴国外独立设课式环境教育的成功经验,进一步拟定"独立设课式"环境教育的知识体系与教学内容,制定更为精确的环境教育的教学大纲。虽然现有的环境教育教学大纲已经制定,但依旧是主要针对各科内容的,比较简单并且学科系统性不强。

2. 尽快集中力量编写专门的用于独立设课式环境教育的系统教材,达到各科内容的系统整合。

3. 尽快选择部分地区或城市进行独立设课式环境教育的试点工作,及时反馈实验中的问题,来确保独立设课式环境教育的全面实施。

4. 加强专门的师资培养。因为现在高师院校中没有专门的环境教育专业,由于高师地理教育专业的课程内容与环境教育的内容较为接近,所以建议以高师地理专业为基础,经过一定的专业改造与课程体系调整(如给环境教育方向的学生添加一组可供挑选的环境科学的专业基础课程,且相应减少其他选修课程),兼顾中小学环境教育师资的培训。这样既解决了由于中小学环境教育师资紧缺而使其流于形式的问题,也为环境教育专业的发展、改造开拓了空间,是一件两全其美的事情。

5. 各级政府与教育部门应进一步落实好中小学环境教育,要在财力(办学经费)、人力(师资)、物力(办学设施)等方面确保"独立设课式"环境教育的实施。

第二节 独立设课式环境教育体系漫谈

一、初中环境教育课程模式比较

（一）当前初中环境教育主要课程模式

因国内与国外在开展环境教育的时间长短的差异，导致了它们在课程模式设置上也有不同，当前我国初中环境教育课程模式主要有如下几种类型：

1. 渗透结合模式

渗透结合模式是指把一定的环境教育主题与内容渗透到现行的相关的各门学科的课程教学中，即从多门课程中穿插环境教育，实现环境教育的目的。如在生物课中可以凭借对生物多样性的学习实施环境教育，在地理课中可以凭借对水、森林资源的学习开展环境教育等。

2. 跨学科课程模式

跨学科课程模式是以渗透结合模式为基础而发展的产物。它有专门的教育目的与教学要求及教学大纲，依靠设立跨学科的环境教育专题，经各学科相互合作、共同完成环境教育的一种模式。在学校教育中，它是独立开设的专题，却又以有组织的各科合作、多学科教学方式出现。如以楼兰古国为专题，语文可以从景物描写、生物从物种的消亡、地理从环境的变迁等方面开展环境教育。

3. 混合模式

所谓混合模式是依照学生的情况，如知识结构及思维方式等，在不同年龄段采取不同的模式，如印度与孟加拉国在小学六年级以前的环境教育是独立设课模式，小学六年级却为渗透结合模式。有的国家根据学生的年龄差异，在各年龄段有不同的渗透内容，泰国在小学一、二年级的环境教育要求学生关注身边的环境，三、四年级开始关注水与空气的重要性及其污染问题和保护,而要求五、六年级跨越自己的周边环境,去了解水域污染、森林保护、大气污染、生物圈的退化及保护等更大的问题。

此外,也有专家在上述 3 类模式的基础上还提到"户外课程教学模式"与"环境主题活动模式",不过,后两种模式与其称做课程模式不如说是教学方式更显恰当。

(二)主要模式的运用效果

纵观国外环境教育的课程模式,采用最为广泛的要数渗透结合模式与独立设课模式这两种。因为独立设课模式在国内尚处在一个起始阶段,而在国内渗透结合模式较前者有广泛的推广,现对这一模式的运用效果进行评价。

1. 调查问卷

为了了解在渗透结合模式下中学生对环境教育内容的掌握情况,刘沛林教授针对水资源问题设计了一套调查问卷。

2. 数据统计与效果分析

本次调查共发放问卷 300 份,回收 300 份。回收率达 100%。调查广度涉及衡阳市与郴州市的两所中学四个班级,其中初中与高中各为两个班级。对本次调查需要说明的是:有些问题有的同学未能作出回答,而有的问题被有些同学进行了多项的回答。

(1)环境保护意识不强。

调查表明,多年的环境教育并未增强人们的环境保护意识,因为学生对自身周围环境不是十分关心:有 44% 的学生不明白自己所在的城市是缺水型还是丰水型城市,占 44.6% 的同学不了解所在城市主要河流的水质,对生活所在地的环境问题占 27.3% 的同学不太了解或没有考虑过。多年的渗透式环境教育得到如此的结果,说明在现阶段渗透式不适合我国中学教育。

（2）环境知识匮乏。

我国初中生环境保护意识不强很大程度上同他们环境知识的匮乏有关:问我国哪个部门耗水量最大,答案顺序为农业、生活和工业,其中农业高达 39.7％,但工业却只有 27.7％,针对我国农村河流富营养化的主要原因占 36.5％的同学的答案是工业污染,而对于"三河三湖"的治理居然有高达 83.9％的同学不了解。在现行的环境教育模式下出现这种情况有两种可能,不是知识不易被同学掌握就是涉及的环境知识太少。

（3）环境知识来源途径单一。

在信息技术高度发达的当今社会,应当说学生获得知识的途径应该是多渠道、多途径,可是通过本次调查发现并非如此。占 26.3％和 48.0％分别来源于教师讲解(课本之外的讲解)及电视、报纸,可来自课本、父母亲、同学或其他所占比例较少,只占 10.2％的同学回答学校经常进行环境(水环境)课外教育活动。因而必须扩大知识获取的渠道,知识来源不能过于集中在某一方面。

二、当前初中环境教育知识框架及问题研究

由以上事实分析可知,因采用的教学模式及不合理的知识体系造成了如此令人担忧的后果,很有必要对我国现行的渗透结合模式的环境教育模式知识体系加以分析。

（一）当前初中环境教育主要知识框架

现阶段,学校教育(包括基础教育和专业教育)、在职环境教育和社会环境教育这三类组成我国的环境教育体系。其中对前者比较重视,后两者相对薄弱,目前,中国初中环境教育的知识主要渗透在各科中。

初中教育中渗透环境教育的主要课程领域包括:地理、生物、劳动技能、历史、物理、化学、思想政治、语文、外语(英语)、音乐、体育、美术、数学、健康教育。初中渗透环境教育波及的主要内容有:部分自然现象与自然景观、生物间的基本关系如工厂产生的"三废"、食物链、酸雨的形成、植物的光合作用及环境政策法律法规等。

这些课程渗透环境教育的机会少、力度小。因此,教育部于 2003 年颁布了《中小学生环境教育专题教育大纲》,并对初中环境教育专题教育的内容加以明确,标准为 12 课时。

教学内容	教学活动建议
1. 了解当前主要的区域性和全球性环境问题,探究其后果。 2. 结合地方实际,理解不同生产方式对环境的影响。 3. 了解可持续发展的基本含义,理解可持续发展的必要性。 4. 了解地方政府和社会组织在解决地方环境问题方面的重要举措。 5. 反思日常消费活动对环境的影响,倡导对环境友善的生活方式。	1. 看录像、图片或文字资料,了解全球及我国主要环境问题,以及这些问题对自然和社会发展的影响。 2. 调查和比较清洁生产与非清洁生产的异同。 3. 根据有关资料或能源消耗的统计数据,预测 50 年后的资源或能源发展状况,讨论环境承载力问题。 4. 与地方环保部门或环保组织成员座谈,或请他们做讲座,介绍各自在环境保护与建设方面的工作任务和成效。 5. 分组收集一些商品的外包装,分析这些包装的作用及其对环境的影响。 6. 辩论:是不是只有高消费才能保证生活质量。

(二)当前初中环境教育知识框架存在的问题

1. 知识零散、不系统化

作为一门学科应当有其自己的教学大纲和系统的知识体系。但是现阶段我国环境教育还不能达到这个要求。其知识来源主要是各学科的渗透,这就必然导致知识的零散与不系统化,比如能够在环境教育一门学科掌握的知识却要在多门学科中掌握,如自然现象与自然景观主要是地理,植物的光合作用主要是生物与化学,而环境政策法律法规又是思想政治。这样必然会导致知识不易为学生掌握或增加教师及学生的负担,最终影响教学效果。

2. 授课时间难保证

我国环境教育以渗透式为主,现在在我国教育是以应试教育为主的环境下,学校、教师、学生、家长将其看作一种负担,不被重视。出现了环境教育被遗弃至边缘的情况。在这种情况下,授课时间与质量在很大程度上难以保证。即使时间有所保证,如《中小学生环境教育专题教育大纲(中华人民共和国教育 2003)》,明确指出了初中专题环境教育的授课时间为 12 课时,由于课时量过少,与美国学者亨格福德等人拟订的一份中学环境教育教学大纲——需要三个学年学完相比,根本不起什么作用。

3. 多学科难以统筹配合

环境教育应用渗透模式容易形成多学科难以统筹配合的情况,由于环境科学知识在各学科中都很难成为该学科的重点、要点,容易引起教师对它的忽视,而产生"推让"的情况,如"食物链"这一知识点在地理及生物都有涉及,可能会出现地理教师以为生物教师会重点讲解,但生物教师则以为地理教师会重点讲解的现象。最终会导致知识点的重复或遗漏。

三、构建独立设课式环境教育知识体系

(一)初中生的知识结构及思维特点

目前我国初中生现行课程主要有:语文、外语(英语)、数学、化学、物理、地理、生物、美术、思想政治、体育、音乐等学科。其中语文、数学及外语被称为"主科",而其余学科则称之为"副科",而常常不被学校、家长和学生重视。在有的地方因为师资的缺乏或经济的不发达还存在着"副科"教师由"主科"教师兼任或比"副科"还"副"的美术、音乐、体育等课程根本就没能开设的情况。由于学习时间紧,学生能将课本知识付诸实践或使从课外获取知识的可能性大大减少,因此学生的知识主要来源是学校所开设课程的课本与教师所提及的一些课外知识。

初中生所处年龄阶段使其即使有强烈的参与决策的愿望,但因知识基础和知识结构的特点,也无法实现。初中生思维方式主要为形象思

维,即思考问题比较直观、表面,如一个问题有"是什么"、"为什么"及"怎么样"三个层面,初中生思考时常常会停留在"是什么"的层面,很少进一步到"为什么"与"怎么样"的层面。

(二)环境教育独立设课模式的意义

独立设课模式就是在中小学现行的各学科内容中,选取跟环境教育有关的内容,有机、系统地融合在一起形成的一门有自己教学大纲与教学目标的独立课程。

独立设课模式把知识纳入系统的课程体系,在很大程度上杜绝渗透模式内容零散,多学科不易统筹配合和教学效果参差不齐等特点,使教育具有很强的针对性与系统性,而教学效果最为显著,并且在较大程度上避免了各学科把环境教育作为负担的可能。独立设课环境教育模式是环境教育的最有效模式。它的最明显特点是把环境教育当作一门独立开设的系统的学校教育课程,从而使关于环境科学的知识体系、概念体系、方法技能等内容能有机地联系在一起,让学生容易获得一种完整的环境学知识和技能,而且能切实提高环境教育的质量,实现尽快增强全国人民环境保护意识的目的。

(三)当前初中环境教育独立设课的知识体系

环境教育是提高全民族思想道德素质与科学文化素质(包括环境意识在内)的基础手段之一。综合《全国环境宣传教育行动纲要(1996—2010年)》(国家环保、教育部、中宣部联合下发)提出的环境教育的内容包含:环境科学知识、环境法律法规知识和环境道德伦理知识三部分。

根据目前我国初中生的知识结构与思维方式的特点,可以如此构建独立设课式初中环境教育的知识体系。

第一学年 学生应当了解一些基础的环境伦理知识与自然资源的

一些基本概念。对环境知识有一定的基础的了解。

1. 环境的基本含义

环境总是围绕某一中心事物而言的,常常作为某一中心事物的对立面而存在,我们平时所说的环境是针对以人类为中心的环境——人类环境而言。资源是有价值的,环境是一种资源,因而环境也是有价值的。

2. 自然资源的定义

自然资源是指人类由自然条件中摄取并用于人类生产和生活所必需的各种自然组成因素。资源是有价值的。

3. 环境伦理

环境伦理学主要是回答人类对待自然环境的态度及其对自然界所承担的义务以及自然的价值性问题的一门科学。

从人类出现至现在,人地关系经过了如下四个阶段:崇拜自然,改造自然,征服自然,人与自然相协调。

4. 几种主要环境问题

• 大气污染(温室效应),原因及防治方法;

• 水污染,原因及防治方法;

• 噪声污染,原因及防治方法;

• 固体废物污染(固体生活垃圾与固体建筑垃圾),原因及防治方法;

5. 自然资源的使用

自然资源按其特征可分为:非耗竭性资源——又称无限资源,如太阳能、风能等。此类资源随着地球形成及其运动而存在,基本上是持续稳定地产生的;耗竭性资源——此类资源是在地球演变过程中的特定阶段形成的,质和量是有限定的,空间分布得不均匀。

耗竭性资源又可分为可再生资源和不可再生资源。对于可再生资源要可持续、循环使用;但不可再生资源却要合理、最优利用,实现最优耗竭并积极发展其替代品。

第二学年 应能掌握一些生命环境的基本概念与基本理论,尤其是生态系统与生物多样性。

1. 生态学中种群、个体、生态系统、群落及生物圈等的概念

2. 对"生态系统"概念的理解

· 生态系统的组成。

生态系统是指一定地段中的全部生物(即"生物群落")与非生物环境相互作用的所有统一体,并且在系统内部,能量的流动导致形成一定的营养结构、生物多样性与物质循环(即生物与非生物之间的物质交换)。它不但包含生物要素,也包含非生物要素。

A.生物要素:生产者,消费者(a 食肉动物,b 食草动物,c 分解菌,d 杂食动物)。

B.非生物要素:物理要素,风、阳光、土壤、雨、地形、湿度等。生物地球化学因素,碳循环,水循环,氮循环,氧循环等。

· 生态系统中的竞争。

A.种内竞争:在种内同种成员为资源而竞争。

B.种间竞争:不同种的成员间为资源而竞争。

3. 能量、物质和生态系统

· 生态系统中的能量。

A.光合作用。

B.食物链和食物网,食物链主要有三种类型:捕食链、寄生链与腐生链。

· 食物链中能量和物质的传递。

生态系统中的能量流动是由食物链实现的,在能量的传递过程中,每一级都将大部分能量用于该级消费者的一系列生命活动,因而能量的

流动会渐趋减少且单向传递。但物质则可循环使用,如生产者含有碳元素,由消费者、分解者食用后,碳仍可回到生产者中。

4. 种群及其对环境的适应性

· 种群的特征。种群是指在特定的时间、生活在特定的生存区域的一群同种生物体。其特征是说其群体特征而不是说其个体的特征,这些特征包含出生率、密度、年龄分布、死亡率、分散、生物潜能以及繁殖适度、适应能力和持续力等。

· 种群间的相互影响。A.共生;B.共栖;C.捕食行为;D.寄生等。

· 种群内部的相互作用。A.竞争;B.社会性行为;C.合作。

5. 生物多样性的保护

生物多样性的概念:生物多样性是指生物之间的多样化、变异性和物种的生态复杂性。它包含三个层次:物种多样性、遗传多样性及生态系统多样性。

生物多样性的保护须依据三个基本措施:就地保护(自然保护区的保护多样性是最有效的措施),迁地保护(动物园)和离体保护(植物种子库,动物细胞库)。

6. 基因的重要性

对基因的重要性有基本的认识,尤其是基因的遗传和变异对生物的影响。

第三学年 经过两年的学习,学生掌握了一定的环境知识,因而特别有必要对学生实行法律法规知识的教育及发现调查环境问题能力的培养(鉴于初中生知识基础的特征,要培养他们解决具体环境问题的能力还有一定难度)。进一步提高学生的环保意识。

1. 环境节日

例如:2 月 10 日国际气象节,3 月 12 日中国植树节,3 月 21 日世界森林日,6月5日世界环境日,7月11日世界人口日等环境节日,结合当时的环境节日的主题实行环境教育。

2. 环境法律法规

在1983年12月举行的全国第二次环境保护会议上,将环境保护确定为中国的一项基本国策。并且制定了相应的方针,如"三同步、三统一"方针,即经济建设、城乡建设与环境建设要同步规划、同步实施、同步发展,达到经济效益、社会效益与环境效益的统一。

对环境保护、环境教育的重要性和全面性的正确认识,是环境教育能够真正推行的关键。要坚持环境保护为一项基本国策,就要制定专项法律法规,以国家强制力来保障环境教育与打击破坏环境违法行为。20多年来,我国制定了许多有关的环保法律,并于1989年颁布了《中华人民共和国环境保护法》。应同步加强环境法律法规方面知识的宣传,让环境教育与环境保护能够实现有法可依、有法必依、执法必严、违法必究。

3. 生活体验

· 人类与环境的相互关系。

· 环境质量是生活质量的重要的组成因素。

实践是检验真理的唯一标准,通过生活体验,针对某一方面如水资源问题实施长期观察,真正体会环境质量对生活的影响。

4. 调查环境问题的能力

· 从有关资料获取关于环境问题的间接知识。

· 通过观察、调查获取关于环境问题的直接知识。

· 针对环境问题之间的内在联系进行合理的分析,并对这种联系进行解释。

· 针对某一环境问题能提出建设性的意见。

第四章 中小学环境教育师资漫谈

第一节 当前我国环境教育师资概述

一、当前中小学环境教育师资现状及问题

我国现阶段针对环境教育的策略主要是在中小学阶段推行,以渗透式环境教育为主,以期实现环境教育的目的。实践证明,这一方式没有达到成效,究其原因,主要有以下几点:一是在应试教育的大环境下,中小学师生将环境教育的内容视为额外包袱,不愿投入较多精力。再者,原各科教师多没有接受过系统的环境教育的培训,而对应具备的基本环境教育的知识缺乏了解,只能以自己的专业角度对其解释引导,因而不够专业;另外一点也十分重要,就是地方教育行政管理部门及各级中小学校的领导,由于对环境教育的重要性缺乏正确认识,所以环境教育开展的广度与深度也十分有限。

许多发达国家如英国、加拿大、美国等国进行的环境教育,既有多科渗透式教学方式,又有独立设课式的教学方式。因这类国家具有重素质、轻应试教育的传统,教师受过专业的环境教育培训,其环境教育效果很好。尽管是多科渗透式环境教育,也获得了非常显著的成效。这与其教育理念、教育制度和经济发展背景有关。

中国的情况不同,应试教育短时间内还无法取消。应试教育的存在,定会刺激人们只对跟考试内容相关知识的重视,而对跟考试无直接关联的内容尽力回避,以免影响考试。因而,现在在中国推行的"多科渗透式"环境教育教学方式,收效不显著,无法实现预期的效果。

总而言之,中国现在中小学环境教育现有的师资问题主要是:①缺乏专职的师资队伍;②各科渗透式的教学因与授课教师原有专业不同,对环境教育的知识体系的认识有着较大的差异;③相关教师缺乏系统的专业培训。所以,必须探索适合中国国情的中小学环境教育师资培养和培训的新路子,以改变目前这种被动应付、普遍流于形式的局面。

二、中小学环境教育师资的条件能力要求

第一次全球性部长级的"政府间环境教育大会",是在联合国教科文组织和环境规划署的合作下,于 1977 年 10 月 14 日至 26 日在格鲁吉亚的第比利斯举行的。大会通过了著名的《第比利斯宣言》,对全球环境教育的诸多问题达成了共识。特别是提出了环境教育的 5 项目标分类,具有重要的指导意义,即:

(1)意识:帮助社会群体与个人形成应对整个环境与其相关问题的意识和敏感;

(2)知识:帮助社会群体与个人获取对待环境及其相关问题的各种体验与基本理解;

(3)态度:帮助社会群体与个人获得有关环境的一系列价值观念及情感,并产生积极参与环境的改善与保护的动机;

(4)技能:帮助社会群体与个人获得识别及解决环境问题所需的相关技能;

(5)参与:向社会群体与个人提供在各个层次上积极参与解决环境问题的机会。

作为一个环境教育的教师,对前面所述环境教育的目标应有明确的理解。对小学和小学以前阶段的学生,主要是培养热爱自然、热爱环境的情感;初中阶段渐次从感知向认识领域过渡,可培养一定的概念与常识;高中阶段则侧重于知识与技能领域的培养,知道事物的因果及解决方法。

有关学生环境教育的知识要求,是确定教师知识要求的参照条件。

一般而言,高中阶段学生环境教育的目标可以进行以下具体解释:

A. 意识目标:

(1)意识到环境是客观存在的;

(2)意识到环境问题是客观存在的;

(3)意识到环境与人类关系是十分重要的。

B. 知识目标:

(1)环境科学知识:了解环境本身的基本知识,像资源状况,人口状况,环境污染的产生、危害和防治措施,生态平衡,环境与发展的关系;

(2)环境法规知识:地方、国家与国际环境保护的政策、方针、制度、法律;

(3)环境伦理知识:人与自然和谐相处的因果关系。

C. 态度目标:

(1)确立正确的环境价值观与态度;

(2)培养人与自然协调发展的精神情感及道德准则;

(3)具有环境价值的判断能力。

D. 技能目标:

(1)收集、调查、了解环境信息的能力;

(2)分类、分析与统计有关环境及环境问题的技能;

(3)解决环境问题的技能;

(4)评价环境问题的技能;

(5)与人交流和合作的技能。

E. 参与目标:

(1)参与环境教育的相关实践活动;

(2)参与解决环境问题的探究过程;

(3)参与保护环境的宣传活动。

根据上述要求表明,高中环境教育的教师必须深层次领会以上各项教育目标的具体细节,且做到有的放矢,加强自身知识体系与技能的培养与提高。一般来讲,对环境教育教师的培养、培训,至少应该包含三个方面的内容:①环境科学基础知识,包括掌握有关生态学、环境学的基础知识,了解环境问题的产生及其解决渠道;②掌握培养学生的认识、情感与操作技能所需要的教育方法与专业技能,以及怎样培养学生正确的价值取向与行为定向的能力;③掌握环境理论与实践相结合、解决实际环境问题的能力。

具体来说,作为中小学环境教育的教师须具备以下多方面能力:

(1)环境科学能力,包括生态学的基础知识、人类生态系统的基本原理和经济学的基础知识;

(2)教育教学能力,包含教育学与心理学的基础知识;

(3)环境教育技能,包含调查、测试和分析、评价环境问题与解决环境问题的能力;

(4)环境政策能力,包含了解、熟悉、宣传环境法规、政策的能力;

(5)环境教育的方法,也就是熟知教学目的与教学目标,选择合适的教学方法,认真设计适当的教学和培训课程等等。

三、环境教育与地理教育知识体系中内容的交叉与重叠

(一)中小学环境教育的目标及教学内容的视角

了解国内外中小学环境教育的目标及内容组成是了解地理科学中与环境教育相对应内容的基础行为。各阶段中小学生环境教育的目标,在 2003 年教育部颁布的《中小学生环境教育专题教育大纲》中已有明确要求。分别为:

小学 1—3 年级:亲近、欣赏与爱护自然;感知周边环境,以及日常生活中和环境的联系;掌握简单的环境保护行为规范。

小学 4—6 年级:了解社区的环境与主要环境问题;感受自然环境变

化同人类生活的联系;培养爱护环境的习惯。

初中:了解区域及全球主要环境问题和环境问题所造成的后果;思考环境同人类社会发展之间的相互联系;理解人类社会必须走可持续发展的道路;自觉采取对环境友善的行动。

高中:认识环境问题的复杂性;理解解决环境问题需要社会各界在经济技术、政策法律、伦理道德等多方面的努力;培养关心环境的意识与社会责任感。

以上教育目标又是依靠以下教学内容来达成的。

(1)小学1-3年级环境教育的教学内容为:①感知身边环境的特点与变化;②表达自己对周围环境的感受;③懂得日常生活需要空间、自然资源与能源;④感知日常生活对自然环境的影响;⑤了解且实践小学生在环保方面的行为规范。

(2)小学4-6年级环境教育的教学内容为:①调查与了解社区与地方环境的基本特点;②知道本地区主要环境问题的表现,初步分析这些问题存在的原因;③了解社区自然环境的变化以及与人们生活的联系;④知道怎样的环境是好的环境,以及建设良好环境的渠道与方法;⑤分析自己与他人的行为可能对环境造成的直接或间接的影响,判断对环境友好及不友好的行为。

(3)初中环境教育的教学内容为:①了解当前主要的区域性及全球性环境问题,并探究其后果;②结合当地实际情况,理解不同生产方式对环境所造成的影响;③了解可持续发展的基本含义,理解可持续发展的必要性;④了解地方政府与社会组织在解决地方环境问题所采取的重要举措;⑤反思日常消费活动对环境产生的影响,倡导对环境友善的生活方式。

(4)高中环境教育的教学内容为:①结合各学科相关知识,分析所产生的环境问题的社会根源;②知道人们对环境的不同认识与价值取向对其环境态度与行为有所影响;③思考解决环境问题所应有的正确伦理观与价值观;④知道环境法律的出现原因与过程;结合实例,思考政策、法律在解决环境问题中的作用;⑤知道个人有责任依靠一些公众活动为保护及改善环境做出贡献,如对有关部门提出关于地方环境规划与建设的合理化,参与环保公益活动等。

实际上,可把小学环境教育的知识及内容具体地分为以下几个方面:①生态系统的一般概念;②环境的概念;③环境问题的起因及分类(原生环境问题,如火山和地震;次生环境问题,如生态破坏和环境污染;社会环境问题,如交通堵塞等);④人口增长对环境的压力以及对策。

同时可以把中学环境教育的知识和内容细致地分为以下几点:①环境与发展;②生态系统及生物多样性的保护;③环境污染与防治;④人口与环境;⑤能源与环境;⑥全球性环境问题(如全球气候变化和海平面抬升,酸雨,臭氧层的耗竭等)。

(二)一个模拟的中学环境教育大纲所表达的与地理教育相近的知识体系

美国学者亨格福德等人拟订了一份中学环境教育教学大纲,不但给我们列出了中学环境教育的基本知识内容与技能,也让我们吃惊地发现,其教学内容同中学地理课程内容有这么多的交叉和叠合。此大纲分为三个部分完成,分三个学年学完,适用于10~15岁的中学生年龄阶段。该大纲的简要提纲如下,列举于此,对我们深刻理解地理教育专业与环境教育专业知识体系的相关性很有帮助。

第一学年 学生应能掌握关于生态学的一些基本概念与基本理论。这些知识在现有生物学课程中奠定了基础。具体内容如下:

(1)生态学的定义。

(2)生态学中个体、种群、群落、生态系统及生物圈等的相关概念。

(3)对"生态系统"概念的理解:①生态系统的组成;②生态位;③生态

系统内的竞争,分为种内竞争与种间竞争;④生态系统中的耐受范围与制约因素,理解"耐性定律"、"限制因素"原理;⑤生态系统概念的总结。

(4)能量的生态系统:①生态系统的原动力——太阳能;②能量的生产基础——绿色植物;③能量在食物链中的消耗;④生态系统中的初级净生产率。

(5)生态上的演替。

(6)种群与它对环境的适应性:①种群之间的相互关系:A.共栖,B.共生,C.寄生,D.捕食行为等;②种群的特征;③种群内部的相互作用:A.社会性行为,B.合作,C.竞争;④种群的稳定性。

(7)人在生态系统中的地位与作用:①人具有巨大的潜力;②人口剧增与有限的资源;③人与世界土壤;④人与野生动物;⑤人是生态系统中最重要的因素。

第二学年 要求学生能够较深入地理解环境科学的相关理论。现阶段大多数中学课程中有关此方面内容较少,应当加强环境科学基础知识的教学。具体表现在:

(1)人类的发展史。

(2)水环境:①世界水源简介;②水资源问题;③水资源的管理与保护策略。

(3)土壤环境:①土壤的定义;②人与土壤的关系;③土壤污染及其危害;④保护土壤环境的策略。

(4)生物多样性保护:①生物多样性的概念;②生物多样性的现状;③生物多样性的价值;④生物多样性的保护。

(5)森林资源:①世界森林概况;②森林资源的价值。

(6)噪声污染:①噪声的来源及其影响;②噪声的控制。

(7)大气污染:①污染的原因及主要污染物质;②大气污染对人类健康的影响;③温室效应;④酸雨;⑤臭氧层的破坏。

(8)城市固体废弃物引起的污染:①城市固体废弃物的来源及其影响;②城市固体废弃物的治理。

第三学年 培养学生能够独立调查环境问题与解决环境问题的能力。由于在第一、二学年,学生已经获得许多相关环境科学的理论知识,并已具有了基础的环境技能,因而,在第三学年,环境教育的重点是培养学生调查环境问题与解决环境问题的能力。具体包括以下内容:

(1)环境质量是生活质量的重要内容:①人类同环境的相互关系;②环境质量是生活质量的重要内容。

(2)调查与分析环境问题的能力:①通过观察、调查获得关于环境问题的直接知识;②从有关资料获得关于环境问题的间接知识;③对环境问题之间的内在关系实施合理的分析,且对这种联系进行解释。

(3)解决环境问题的能力:①制定针对当地环境问题展开调查的表格,调查当地居民对某一环境问题的反应;②能够适当地取舍、分析调查得到有关数据;③对调查后的环境问题表明自己的解决办法。

四、高师地理专业是中小学环境教育师资培养培训的主要渠道

依据我国目前高等师范教育的现实,可以以地理学科为载体,搞好高师院校地理教育专业同中小学校环境教育师资需求的"嫁接"和"对接",从多个方面探寻中小学环境教育师资培养、培训的新途径。

(1)渠道一:调整现有高师地理教育专业的课程内容,适当增添环境科学课程的比例,让地理教育专业学生不仅适合于中小学地理教育的教学,而且也能适合于中小学环境教育的教学(即兼顾型)。

建议在现在许多高师地理专业课程已开设人文地理学(含人口、资源、环境与可持续发展)、自然地理学(含生态学基础、土壤学基础)、环境学概论的基础上,针对全体地理专业的学生,设立一门系统的"生态学基础"课程,另设立一门"环境问题及其调查"的实践课程,同时强化原有"环境学概论"等课程的理论教学。

（2）渠道二：在现有地理教育专业选修课程中，**同地理教育方向的一组选修课程相对应，增设一组可供挑选的环境教育方向的选修课程，从而有利于一部分地理教育专业学生调配到环境教育专业**（即分流型）。

比如，有的院校 2000 级地理教育专业在高年级时开设的两组选修课程包括着两个不同的方向，即城乡规划、地理教育方向与管理方向，为了加强环境教育人才的培养，准备增加一组有关环境教育的课程，把高年级选修课程加至三组，以利于学生向环境教育的方向发展。增设课程可为：生态学基础、环境教育方法、环境调查、人居环境、环境与发展等。

（3）渠道三：地理教育专业可以针对全校学生的范围，特别是同环境教育专业比较靠近的一些专业的学生，设立全校性的环境教育公共选修课程，以利相关专业学生得以环境教育知识与技能的系统学习，从而实现在更大范围内培养中小学环境教育师资（即跨专业型）。

由于环境教育牵扯的知识面较广，不少相关专业，如化学教育专业、生物教育的学生，也能根据各自的兴趣，通过有计划的培养，掌握同环境教育相关的知识体系与基本技能，为以后兼顾**或转向中小学环境教育的专门教学打下基础。高师地理专业的知识结构与内容体系同环境教育**最为接近，并且有关课程设计也较为成熟，完全能够承担相关专业的环境教育课程教学，因而拓展了中小学环境教育师资培养的途径。

（4）渠道四：以地理专业为载体，设计一套简单、科学、合理的环境教育培训课程，积极进行中小学专职环境教育师资的在职培训（即在职培训型）。

由于现在国内中小学环境教育实施的是**多科渗透式的教学模式**，各科教师对环境教育的知识、方法的掌握程度差别很大；并因应试教育仍然占主导地位等缘故，环境教育走过场的现象较为普遍。有些地方根本就未能开展。因而，中国中小学环境教育的进行，**必须从多科渗透式模式的误区中跳出来，积极推行独立设课式教学模式。同时，必须强化对**

在职的专职环境教育师资的培训。如我们能制定一套合理的在职教师环境教育培训的相关方案,中小学"独立设课式"环境教学模式的实施就有了坚实的基础,以此为条件的环境教育才会获得真正突破。

第二节 师专学生对中小学环境教育的思考

一、促进中小学环境教育改革应加强高师地理科学专业环境教育

(一)中小学环境教育是历史的要求

一系列重要文献,如《全国环境宣传教育行动纲要》、《中国 21 世纪议程》、《21 世纪议程》(联合国环境与发展委员会)等,突出了环境教育面向青少年和儿童的重要性。可见,教育特别是对青少年和儿童的教育是"可持续发展"得以贯彻实施的关键。环境现状的改变首先是人的态度和行为的态度,几十年来。教育虽然日益引起了高度重视,但受到许多因素制约,其成效不容乐观。现在,中小学环境教育的不足主要表现在:①部分教育行政部门,学校领导和教师对环境教育的认识不到位;②环境教育的模式不到位;③关于中小学环境教育的教材缺乏;④实施环境教学的教师的环境知识技能不到位。第②点尤为重要。它也反映出各级领导对环境教育的认识水平。为真正提高教育的质量,必须彻底清除环境教育的附属性思想,丰富教育模式,逐步推行独立设课模式,来提高中小学生的环境素养,以适应可持续发展的要求。

(二)加强中小学环境教育改革,提高学生素质

全面贯彻素质教育来提高国民素质与综合国力是目前教育的一个重要指标。素质教育的实质就是对人全面素质的培养,细致地说,素质教育包括行为、心理、智力、道德、个性、能力、审美、劳动及知识学习的素质教育,随着社会的不断进步,素质教育的内涵逐渐延伸,环境教育也纳入了素质教育的范围。环境教育不但培养学生具有良好的爱护环境、保护环境、积极投身于环境建设之中的热情,同时培养学生拥有健康的道

德情操,抛弃"人本主义"论,坚持"生态中心论",形成正确生态伦理观,而且也培养学生的正确资源观、可持续发展观、人口观和健康消费观。确立环境与经济协调发展的理念,遵循客观规律,自觉调整自己的行为规范,树立人与自然和谐相处的自然观。使学生懂得爱护环境、保护环境是爱护家园、热爱祖国、热爱校园的行为,教育他们将对祖国的热爱融入于保护生态环境资源与改善人们的生活环境之中。传统的以学科渗透的环境教学模式极大削弱了教师对环境知识的传授和对学生环境意识的培养,同时也降低了学生对环境知识的获得的热情与环境意识的淡化,直接阻碍学生综合素质的提高。因而,中小学环境教育必须改革而去顺应 21 世纪学生综合素质全面提高的要求。

(三)加强高师地理科学专业环境教育,提高中小学环境教育质量

学生环境素质的提高主要依赖于环境教育的开展。环境教育是"依靠教育手段让人们认识环境,了解环境问题,获得治理环境污染与防止新的环境问题产生的知识与技能,并于人与环境的关系上树立正确的态度,有利于依靠社会成员的共同努力保护人类环境"。环境教育的内容要求借助教育手段来提高国民环境素质,实现人与自然和谐共处。虽然我国环境教育在 20 世纪 80 年代就依靠多种方式进行,而且还出台了相应的文件加强环境教育,如 90 年代中期国家环保局、中宣部、国家教委联合下发的《全国环境宣传教育行动纲要(1996—2010)》及 2003 年教育部下达的《中小学生环境教育专题教育大纲》,推动了环境教育的发展,但是由于各种原因,这仍跟国际环境教育的水平不相称。伴随着中小学环境教育的深化改革,"独立设课式"环境教育模式的逐步推行,急需大量可胜任环境教育的教师,而高等师范院校担负培养中小学教师的主要任务,为尽力体现师范院校的主体作用,依照专业特点及时调整课程体系设置,加强环境教育,增强师范院校地理科学专业学生的环境保护意识,增加环保知识,增强环保责任感与历史使命感,为促进中小学环境教育

改革和国民环境素质的提高奉献力量。

二、构建高师地理环境教育的创新体系

(一)优化环境教育目标

1975年国际环境教育会议通过《贝尔格莱德宪章》(以下简称《宪章》),《宪章》规定:环境教育的目标是培养可以"管理"与"驾驭"自己周围环境的人、"促进全世界人类去认识并且关心环境及有关问题,并促使其个人或集体具有解决当前问题和预防新问题的知识、技能、态度、动机和义务"。1992年我国第一次环境教育工作会议提出的"八五"环境教育目标是:有计划、有步骤、全方位与多层次地展开环境教育事业,调整、充实并提高专业教育,大力发展在职教育、基础教育及社会教育,为稳步增强全民族环境意识而努力。联合国教科文组织"Tbilisi宣言"提出环境教育目标即意识、知识、态度、技能和参与,可简称AKASP目标。那么,高师地理环境教育要达到什么样的目标?因为高师地理环境教育担负着培养以适合21世纪全面建设小康社会、催化社会经济发展需要与提高环境素质的中小学地理和环境教育的教师为重点,所以其教育目标也具有特定性。依据国际国内环境教育目标和高师培养人才的特点,高师地理环境教育的目标应当是:①意识,协助学生确立正确人口、资源、环境与可持续发展观,确立人与自然和谐共处的自然观,确立新的消费观与价值观;②知识,获取人类同环境之间的相互影响动因及后果;③态度,抛弃"人本主义"论,坚持"生态中心论",确立正确生态伦理观念;④技能,掌握解决生态环境问题的基本方法和技术;⑤参与,爱护环境、保护环境从我做起,同时成为环境知识的推广者。

(二)调整环境教育内容体系结构

美国的《环境教育法》(1970)认为:"所谓环境教育,是这样一种教育过程:它要使学生围绕人类周围的自然环境与人为环境同人类之间的关系,认识人口、污染、资源的分配与枯竭、自然保护,以及运输、技

术、城乡的开发计划等等,对于人类环境有着怎样的关系和影响。"环境教育关联到自然科学、人文科学、技术科学等的区域知识,所以其内容十分广泛,涉及到意识、知识、技能等方面。**然而高师地理环境教育不单是对高师学生自身的环境教育,更重要的是培养一批有能力担任中小学环境教育的教师。**所以,在现有基础课的基础之上,适度增加环境科学的课程内容,或者在选修课中增添一组**环境教育专业课程**以供环境教育专业方向学生选择。所以高师环境教育不应停留在现象的表层,更要达到一定深度,结合国际环境教育与**我国环境教育内容**,高师地理环境教育的内容可以总结为以下几个方面:①人口、资源与环境的辩证关系;②环境伦理;③可持续发展;④环境政策与法规体系;⑤生态文化;⑥生态安全。

(三)改进环境教育方法

现在,高师地理环境教育仍然把**环境意识、环境伦理、环境法规、环境道德**以学科渗透为主和以独立课程为辅的方式结合进行。采取的教学方法有野外综合实习中的实地考察法,区域地理实习的比较法,课堂教学中传统的讲授法、讨论法、联想法等多种方法开展。依据学生选修课程的分化,针对选择环境教育专业课的学生应当更加深入地开展集中考察法、实验法、探究法以及调查实践和计算机辅助教学法等多样灵活的现代教学方法,激发学生的学习兴趣,提高环境保护意识,培养环境忧患意识,树立起肩负未来的环境教育的责任感与使命感。

三、如何加强高师地理环境教育

(一)强化环境教育在学科教育中的渗透

高师地理除包含一般院校基本的公共课之外,还包括教育学、心理学等公共必修课,必然减少了专业课的学时,所以开设独立环境教育课程很少。为培养师范生具有优良的环境道德情操和环境意识,掌握基本环境保护知识,在学科教育中强化环境教育渗透依旧有着极为重要的意义。因地理课程内容覆盖了部分环境知识,如自然地理学(水文学、生物土壤地理学、地质学、地貌学、气候气象学)、城市地理、人文地理、经济地理等课程涉及到环境知识,强化环境教育在学科教育中的渗透,有利于学生环境素质的培养和提高。

(二)深化地理课程体系结构改革,加大环境科学课程比重

环境教育的普及,尤其是中小学学校环境教育的加强,需要大批能胜任环境教育的教师,然而现在环境教育专业创办尚未具备充足的条件,以致使环境教育改革受到约束,依旧停留在渗透式的教学模式,严重地限制了学生环境素质的提高。人才培养目标是以适应社会发展的需要而制定的,地理科学专业在一定历史时期不仅只培养地理教师与地理工作者,同时也担负着培养环境教育教师的责任,所以,课程体系结构也将实施适当调整,在现有基础课的基础上,适当增添环境科学的课程内容,或者在选修课中添加一组环境教育专业课程(供环境教育专业方向学生选择),为培养能够胜任"独立设课式"环境教育的教师打下基础。

(三)以社团为依托,开展宣传活动

社团在高校校园内是一道亮丽的风景,社团规模大,种类多。发挥社团的凝聚和示范作用对促进环境教育有着深远的意义。现在环境素质的提高是国民素质教育的重要内容,是国家实现可持续发展的基础,是实现小康生活的首要条件。高师地理专业的学生在环保协会中是主要力量,在课堂教学遭受限制的情况下,利用课外活动实施环境教育不仅提高了自身的环境素质,同时也强化了环境保护知识的传播,而社团为此提供了平台。通过这些平台,利用环境节庆日进行活动,比如4月22日的"地球日"、6月5日的"世界环境日"以及3月12日"植树节"等,在这些特别的日子举行宣传活动,宣传相关的环保知识和环境法律与法

规,对矿产资源、水资源、土地利用等一些自然资源也开展广泛的宣传，还可以进行一些相关的问卷调查,针对"垃圾围城"现象大家的态度怎样,有何感想,采取什么样的措施减少垃圾,保持洁净的环境,关爱环境,从我做起。社团活动对环境教育是有益的补充。

(四)以校园生态化为内化,提高环境素质

现有的教育生态学的研究成果显示,学校所具有的规模与组织结构、所提供的物质条件、所推崇的价值观念、所塑造的行为模式等等,形成了受教育者个体的学习情境,它们使受教育者学习行为受到了明显的影响,受教育者个体在特定情境所实施的特定活动,又改变着现实的情境,影响自身与其他个体的身心发展。生态校园把生态可持续发展作为基础,经济可持续发展是条件,社会可持续发展是目标,积极创造宁静、明亮、宽敞、健康、舒适的居住环境,崇尚"人与自然"友好共存的生态文化。假若学校营造浓郁的校园生态文化氛围,学生定会耳濡目染深受教育。尤其是生态校园的建立有利于学生的可持续发展观培养,确立可持续发展的价值观、人本观、消费观、资源观。生活在生态校园中的学生长期感受环境的舒适(卫生、整洁、绿树成荫)、资源的节约(节水、节能)、校园景观文化艺术的高雅(盆景、人造景观、雕塑)等等,必定加深学生环境意识的内化,有利于环境素质的提高。

(五)以社会实践为纽带,加强环保实践

走出校园,感受自然,更能使环境知识加深,使环境意识增强。课堂环境教育主要是讲授理论知识,即使随着教学手段的改进,计算机辅助教学凭借其强大的动画、图片和交互功能在课堂教学中起了重要的作用,对刺激学生学习的积极性,提高教学质量非常有益。然而,由于环境教育内容的丰富性、动态性、多变性、复杂性,课堂教学远远达不到预期的目标。而凭借社会实践活动,能够巩固理论知识,开阔学生视野,感受自然。尤其是暑假的"三下乡"活动,其环境教育存在双重作用,一是学生自身的环境教育,通过走进自然,感受当今的生态环境状况,加深了感性认识;二是学生成为环境知识的传播者,把国家的环境保护方针、政策、法律法规和环保知识向广大群众宣传,使更多国民增强重视维护环境的素质。

第五章 中小学环境教育课程改革

第一节 中小学环境教育推动高师课程改革

一、环境教育发展过程

（一）从环境教育到可持续发展教育

随着世界环境问题的不断加深，国际组织与各国政府对普及与发展环境教育，提高人们环保意识的重要性的认识也随之提高，并逐步把它提到议事日程上来。在确定环境教育目的与目标的历史上，有许多具有重要历史意义的相关会议与事件。1972年，联合国于瑞典的斯德哥尔摩召开了人类环境会议，在会议宣言第19项原则"环境教育"中，指出了环境教育在保护与改善环境上的重要性，并在行动计划第96项建议中，突出了建立国际性环境教育项目的必要性。可以认为此次会议是全球环境教育运动的开端；1977年，联合国教科文组织同联合国环境规划署在第比利斯举行了政府间环境教育会议，并发表了第比利斯宣言，第一次将环境教育的目的与目标确立为意识、知识、态度、技能、参与五个方面，为全球环境教育的发展搭建了基本框架与体系。所以，第比利斯宣言被认为是国际环境教育基本理念与体系的标准；1992年，联合国在巴西里约热内卢举行了"联合国环境与发展"大会，会议确定的可持续发展的思想成了环境教育构建新的目标与目标体系的基础。1994年，联合国教科文组织提出了"为了可持续性的教育"，要求把环境教育同发展教育、人口教育等相结合，并趋于可持续发展的方向，1997年，联合国教科文组织在希腊举行会议,明确指出:"在第比利斯建议的框架中发展起来的环境教育,是对应 21 世纪议程及主要国际会议中提出的全球性问题中所使用的,但为了可持续性的教育也可以使用,因此可称之为'为了环境和可持续性的教育'",这标志着环境教育已不仅仅是对应环境问题的教育,它与更广阔范围的教育形态相结合,形成了"为了可持续性教育",所以,现代的环境教育,它的根本目标,是同可持续发展观紧密相连的。因而有人把现代环境教育干脆称作"可持续发展教育"。

(二)从渗透式环境教育到独立式环境教育

在实施环境教育过程中,各国及各地区大多采用两种模式来发展课程,即渗透模式与单一学科模式(即独立式)。所谓渗透模式是把环境内容融合到相关的学科之中,化整为零地达到环境教育的目的与目标。这种课程模式便于把环境领域的各方面内容分门别类,让学习者在各科学习中获取相关的环境知识、技能与情感,并且,它也无需专门的环境教育师资、教学时间、实验场所与设施等,这对一些经费、师资、教育资源等仍较为短缺的发展中国家而言确实不失为一种有利的方式。而由于涉及多门学科,渗透模式常常容易使环境内容过于分散,相互衔接困难,致使学习者得不到系统的环境教育。独立式环境教育也就是单一学科模式,是从领域中选择有关环境科学的概念、内容方面的论题,把它们合并一体,发展成为一门独立的课程。此种课程模式在一定程序上免除了渗透模式内容零散而不系统的缺点,使环境教育具有更高针对性与系统性,但它也常需要更大的精力与财力投入及专门的教师、设施等,所以,除了发达国家之外,一般在发展中国家尚未能得到广泛应用。然而随着对环境教育重视程度的逐步提升,独立式环境教育模式得到越来越广泛的推广,近年来,我国许多地方的一些中学在初中一、二年级或高中一、二年级试点独立设立环境教育课,把它正式排入课表,纳入学校的日常教学计划之中。1996 年12 月,我国环境保护局与中共中央宣传部、国家教育委员会联合下发了《全国环境宣传教育行动纲要(1996—2010 年)》,《纲要》要求"要根据大、中、小学的不同特点实施环境教育,使环境教育成为素质教育的一部分",并明确提出要"编辑、出版一整套"适合各类学校(包括中小学),"开设环保选修课与活动课的科普教材"。现在已陆续出版了一批大中小学环境教育课程教材,给独立式环境教育的发展做好了铺垫。

(三)从绿色课程到绿色学校

作为环境教育发展史上一个重要的里程碑,第比利斯会议的环境教育概念打破了知识原体,把环境教育引入到一个更广阔的范围,为绿色学校这一全校性环境教育策略的出现打下了基础。这以后,在一些环境教育先进国家第一次将"绿色学校"付诸实践,学校环境教育因而进入了一个新的发展阶段。1991 年,丹麦首先提出了创建"生态学校"的建议,紧接着"生态学校"立刻影响到了欧洲和别的一些国家。1994 年欧洲环境教育基金会(FEEE)第一次提出了一项全欧"生态学校计划",即"绿色学校"计划,其目的是把环境教育从课堂教学逐渐渗透到学校日常管理与教育的各个环节,为学校搭建一个综合性的环境管理体系。截至 1999年,欧洲已有 19 个国家 4000 多所学校进行了绿色学校的创建活动。在欧洲生态学校计划开始两年后,我国也积极地参与到了全球绿色学校发展的浪潮中,同时也是亚洲首先倡导创建"绿色学校"的国家。1996 年中国国家环保局同国家教育委员会、中共中央宣传部联合颁布了《全国环境宣传教育行动纲要(1996 年—2010 年)》提出:"到 2000 年,在全国循序进行创建'绿色学校'活动。"从《纲要》颁布起,在教育部门主导及环保部门配合的推动下,许多学校积极实施了创建"绿色学校"的活动。截至

2002年12月,全国已有29个省、自治区、直辖市进行了创建绿色学校及命名表彰活动,已命名的各级绿色学校已经达到13000所。在总结我国绿色学校的经验与吸收国外生态学校管理的基础上,我国提出了自己的"绿色学校"概念:"以培养适应社会发展所需要的高素质人才为目的,以环境保护与可持续发展理论为宗旨,通过跨学科渗透环境教育及有计划地组织环境教育教学实践,提高学生综合素质及创新能力;融环境教育和学校教学与管理为一体,逐步改善校园环境质量,创建当代校园文明时尚的学校。"这一概念把环境素养作为核心、把绿色管理、绿色课程、绿色校园、绿色生活四个方面为基本领域,突破了单一的绿色课程范围,倡导师生努力学习环境知识、进行校园环境教育及教学、开展节约资源、解决社区的环境问题、实施环境管理、绿化环境、进行跨地区交流、开展环保活动等。创建"绿色学校"活动,不单是学校实施素质教育的重要载体,而且是新形势下环境教育的一种有效方式。

二、推广独立式环境教育、加强师资培养

(一)独立式环境教育与高师地理专业

20世纪70年代始,我国在高等院校中增设环境教育课程,并制定了环境教育的发展规划。到目前已有200多所大学开设了环境专业课程,培养了大批能在科研机构、高等院校、企事业行政单位及行政部门等具有环境科学的基本理论、基本知识和基本技能的从事科研、教学、环保及环境管理工作的高级专业人才,可见我国对环境教育的重视。然而,直到现在,我国还没有专门的环境教育师范类专业,缺乏胜任中学独立环境教育的师资,其工作主要由生物、化学、地理、自然等多科教学来完成。基于地理科学专业是高师传统专业设置中唯一以人类赖以生存的地球表层环境,即地理环境为主要研究对象,以人类与地理环境之间的关系

为其主要研究内容的学科,2004 年全国教育科学"十五"规划重点项目"中小学环境教育创新与高师地理课程改革研究",目的在于在充分了解中小学环境教育创新特点的基础上,以高等师范院校地理科学专业为载体,通过对课程内容的改革和整合,采取全日制培养、继续教育培养与短期培训等途径,训练与培养适宜中小学环境教育的专门师资,不仅解决目前形势下中小学环境教育的师资问题,还能实现从现阶段多学科渗透式环境教育模式到独立式环境教育模式的转变,来增强中小学环境教育的效果。作为该课题组成部分,我们本着理论同实际相结合、环境教育同专业教育相结合、拓宽知识面同提高素质相结合、系统性同科学性相结合的原则,科学制定与持续完善教育教学方案,把地理科学专业的人才培养目标从单纯地培养中学地理教师转变为培养中学地理教师和环境教育师资。

(二)环境教育与高师地理课程改革

地理学教学同环境教育的相互渗透是现代科学发展的必然走向,也是社会进步的需要。在整个环境教育的地理课程改革研究中,我们一方面站在各课程的专业基本理论、基础知识等教学内容与现代环境科学、环境观念教育内容相融合的角度,强化地理课程中有关环境教育的内容,在维护各地理专业课程教学内容系统性与完整性的同时,融合并突出环境学的观点、知识与解决问题的技能方法,并针对中学地理课程中的环境教育内容,恰当地加深、拓延、强化地理专业课程中的相关内容,各课程在明确各自渗透环境教育的教学目标与教学内容安排的前提下,重新修整或制定了新的教学大纲。另一方面,依照环境科学的特征与环境教育的需要,我们在原有地理专业课程体系基础上,强化了贯穿环境教育思想的课程体系建设,增设了环境学概论、可持续发展理论和实践、全球变化和第四纪研究、自然灾害学、土壤侵蚀和水土保持等有关课程；另外，为了更好地为进行环境教育与科学理论研究培养专门人才，高年级选修课程中还专门设置了"环境教育"选修方向，在课程体系中增设了一组包括环境管理学、环境工程学、环境伦理学、环境经济学等现代环境教育系列课程。这能够为今后在高等师范院校设立"环境教育"专业，以便更好地为我国的全民环境素质教育与环境教育的科学理论研究培养专门人才准备条件。

三、渗透式环境教育与素质教育

（一）渗透式环境教育与高校素质教育

长时间以来，环境素质一直是我国大学生素质结构的重要组成部分。对大学生素质要求更多的是政治思想素质、专业素质与技能等。现在，环境素质高低已经成为衡量大学生素质高低的一个新指标，这使得怎样在教学、科研和社会实践等环节，强化对大学生环境素质教育的培养，成了高等教育改革的重要内容，环境教育也就成了现代素质教育的重要组成部分。高等院校作为国家环境教育的主要阵地，一方面，高等教育的人才培养目标决定学生应当具备什么样的素质结构与能力，今天的大学生，就是明天的决策人、公共部门或私人辖区的管理者、建筑师、律师、教师、科研工作者等，他们是否能掌握环境知识，具备环境意识，并知道怎样保护环境和解决环境相关问题，会直接影响到我们以后生死存亡的问题。另一方面，从我国中小学环境教育的现状来看，目前开展环境教育主要采取学科渗透的方式，即把环境知识分散于各门学科教学中，例如生物教材中有涉及维护生态平衡的内容；地理教材中专门设置了"环境保护"的章节；化学教材中的"保护水资源""防止空气污染""电解和电镀""硫和硫酸""石油化工"等也都涉及到环境保护知识。即便是语文、美术或音乐,教师也可在课堂教学中注重对各科教材中涉及环境保护思想的内容进行挖掘与利用。如语文学科——《桂林山水》,教师引导,让学生体会大自然的美,培养学生爱自然、欣赏自然的情感;美术学科——《美丽的热带鱼》和音乐学科——《追雪花》等,都有利于培养学生同自然和谐相处的情感。所以,把培养中学教师当作主要目标的师范院校进行以所有学科大学生为对象的环境素质教育,会更好地完成中学渗透式环境教育的任务。

(二)环境素质教育与高校校选课程

环保公共选修课是高校环境素质教育的重要依据。国家环保局、国家教委、中共中央宣传部共同编制的《我国 1996－2010 年环境宣传教育行动纲要》中明确规定:师范院校、中等专业学校要逐渐把环保课列入必修课程;高等院校的非环境专业要设立环保公共选修课或必修课,让学生受到环境保护与可持续发展观点的教育,培养学生具备一定评估环境质量与在本专业范围内处理及解决环境问题的能力,确立保护环境的道德观与可持续发展的世界观。华南师范大学早在 1996 年就已经在全校范围内设立"环境保护概论"公选课;香港教育学院也十分重视环境科学类课程的设置,除原有的"环境科学"公共必修课与选修课外,还设立了"环境教育""环境科学研究""户外活动与环境意识""环境科学与可持续发展"等相关公共课程。现在,我国已有日益增多的高等院校设立了有关环境教育的选修课,并有把选修课改为必修课的趋势。所以,顺应时代的要求与高校素质教育的需要,促进有关环境教育的校选课程设置,同样成为我们所承担的全国教育科学"十五"规划重点项目研究的指标之一。关于环保公共选修课或必修课的设置,应当依照如下原则:①面向可持续发展原则。即环境教育的根本目标是同可持续发展观密切相关的,它不单是对应环境问题的教育,而是与和平、发展、健康与人口等教育相结合,所以不能由单一的《环境保护》课程所涵盖,应当设置多门环境科学类课程;②系统性原则。可持续发展教育是一项综合性教育,它牵涉经济、社会、生物学、法学、地理学、化学、工程、医学等多门学科,一方面应该努力设置较为完整的课程体系;另一方面,应当由多个相关学科专家共同担任,努力让学生获得对环境科学更为全面系统的认识。③针对性原则。即使现代环境科学涉及到一个庞大的科学体系,但全院性校选课程的设置需联系各个高等院校的性质及其学科专业的特点,针对学校的培养目标、教学资源与学生的兴趣及需求有所选择。例如,依照以上原则,我们开设的师范院校环境教育校选课程有:在地理专业设立《环境保护概论》、《可持续发展理论与实践》与《环境教育方法》;在化学专业设立的《环境质量评价》同《环境与健康》;在地理与人文社科类专业共同开设的《环境伦理学》、《环境经济学》与《环境法与环境管理》等。

四、绿色大学对可持续发展的促进

伴随着环境与可持续发展教育的进展,以及国内外绿色学校理念和实践活动的推动,"绿色大学"的创建活动在我国正展现出方兴未艾之势。1998年,清华大学首先提出创建"绿色大学"的设想,并对国家环保局提交了具体"创建绿色示范工程"的建设方案;1999年5月,国内外20多所大学在清华大学举行了"大学绿色教育国际学术研讨会",会上成立了"全国大学绿色教育协会筹备委员会",并发表了《长城宣言:中国大学绿色教育计划行动纲要》;2000年5月,在世界自然基金会资助下,哈尔滨工业大学举行了"第一届全国大学绿色教育研讨会",会议针对在高校进行绿色教育、创建"绿色大学"等方面广泛关心的问题达成了共识;2001年,清华大学成为第一所国家环保局正式命名的"绿色大学";由于全球环境保护形势发展与清华大学创建"绿色大学"的影响,我国不少高校积极进行"绿色大学"创建活动,如紧接哈尔滨工业大学提出了"建好环境与社会研究中心,搞好环境理论研究、环境宣传教育和环境行动三个推进"的"绿色大学"建设模式之后,2001 年,天津南开大学、天津大学等 19 所高校学生会联合倡议创建"绿色大学";同年,云南省 14 所高校向全省高校发出倡议,呼吁全省高校参加到全国"绿色大学"的创建队伍中;合并后的广州大学在原有环境教育获取良好成绩的情况下,也在2001 年提出了自己的"绿色教育计划";2002 年初北京师范大学提出在广东珠海校区建设符合国际标准的全国第一家"绿色大学"构想并已付诸实施。2002 年 6 月,中山大学也表明创建"绿色大学"的设想,并积极进行有关"绿色大学"评估标准的研究机构。总的来说,我国"绿色大学"建设是同绿色教育的发展联系在一起的,为实现提高大学生环境素养的目标,我国各高校应用从设立全校绿色教育课程、进行绿色科研和社会实践、加强绿色网站建设及提升培养高级绿色教育专门人才等渠道,日益提高其环境教育的能力,使绿色大学建设内容更加具体和充实。

第二节 与环境教育对接的课程改革研究

一、课题改革的原因

由于高师地理教育专业课程与环境教育专业在课程内容上比其他专业更加相近,能为地理兼顾环境专业的师资培养、培训提供基础,所以,选择从高师地理专业课程着手寻找解决中小学环境师资紧缺的问题。以下几个背景就是全国教育科学"十五"规划课题,教育部重点课题"中小学环境教育创设与高师地理课程改革研究"提出的基础。

(一)是树立科学发展观的需要

一方面,环境问题也就是发展问题。尤其是随着环境问题的日益突出,如何正确认识当前的环境问题,培养解决环境问题的能力,确立科学的环境意识,培养正确的环境价值观,已成为国际社会广泛关注的重大问题。另一方面,"树立科学发展观,构建资源节约型与环境友好型社会",这已成为中国政府的长期战略。国内外经验表明,环境问题的解决,科学发展观的建立,教育承担着根本的责任。也可以说,要树立科学发展观,必须认真抓好教育,特别是事关发展问题的环境教育。

（二）是落实国家相关政策的需要

多年来中国政府一直倡导环境教育。早在 1996 年,中宣部、国家教委、国家环保局联合下发《全国环境宣传教育行动纲要（1996—2010）》,其中,就已明确指出:"师范院校、中等专业学校要逐步把环保课列为必修课程,高等院校的非环境专业要开设环保公共选修课或必修课";"要根据大、中、小学的不同特点开展环境教育,使环境教育成为素质教育的一部分。"2003 年以来,教育部陆续颁布了《中小学环境教育专题教育大纲》与《中小学环境教育实施指南》（试行）,明确要求各地中小学要将环境教育列为中小学的必修课。

（三）是解决环境教育现实问题的需要

一方面,长期以来,中小学环境教育要面对的一个重要问题,就是合格师资队伍建设。差不多全部承担中小学环境教育的教师,都没接受过系统的环境教育培训,由于现在中国的高等师范院校还没有设立环境教育专业,中小学教师依靠渗透方式进行的环境教育,普遍具有着知识不完整、系统性不强、效果欠佳等问题。所以,研究当前形势下中小学环境教育师资问题的解决途径,具有十分重要的现实指导意义。另一方面,依靠对现有高师院校地理专业课程体系的适当改革,培养不但能胜任中小学地理教育而且又能胜任中小学环境教育的"双料"师资,对解决目前形势下中小学环境教育师资紧缺的问题有所帮助,也为中小学素质型课程的师资拓展探索出一条可资借鉴的新途径。

二、探索与实践

(一)修改大纲,有效对接

教学大纲的科学性,对于教育的开展意义重大,实现大中小学环境教育课程体系有效对接,依照国家教育部门有关要求,并联系自身实际,自 2003 年以来修改与完善了地理科学专业的教学计划,增加及注入了有关环境教育的新的课程内容;且在全校设立了跨专业的环境教育公共选修课程,在成人教育过程中实施了环境教育。

有关地理科学专业教学计划的修改情况,由 2003—2007 年的教学计划的改变情况可见一斑。总体来讲是逐步增加了环境教育相关课程的比例。自 2003 年的培养学生"获得从事地理教学的基本能力和地理教学研究、地理科学研究、地理实际应用及环境教学与研究等各种基本能力",设立《环境学概论》《人居环境学》等 4 门课程,至 2004 年的"获取从事地理教学与环境教学的基本能力以及地理和环境教学研究、实际应用、科学研究等各种基本能力",设立《环境学概论》《环境保护》《地理与环境教育研究与方法》等课程,又增设一门"地理与环境教育"方向的选修课程;再到 2007 年的"具有地理科学与环境科学思维的基础牢固、适应能力强、创新意识及实践能力强的高素质中小学地理教育、环境教育及其相关专业的后备人才",设立《环境学概论》《可持续发展理论与实践》《环境教育概论》《环境伦理学》等课程,并把 2004 年设定的"地理与环境教育"方向选修课程加以保留和强化。

(二)综合多种需要,创立"四渠道、一目标"模式

为了解决高师地理科学专业如何兼顾中小学急需的环境教育师资需求的问题。根据我国当前高等师范教育的实际情况,我们从多个方面开辟了中小学环境教育师资培养、培训的新模式,可将其概括为"四渠道,一目标"模式(如下表)。

高师院校地理科学专业"四渠道、一目标"的中小学环境教育师资培养模式表

渠道一：兼顾型培养	调整现有高师地理教育专业的课程内容,适度增加环境科学课程的分量,使地理教育专业学生既适合于中小学地理教育的教学,也能适合于中小学环境教育的教学(即兼顾型),比如,在高师地理专业课程开设《生态学基础》、《土壤学基础》、《人口、资源、环境与可持续发展》等课程。
渠道二：分流型培养	在现有地理教育专业选修课程中,增设了一组可供选择的环境教育方向的选修课程,以利于一部分地理教育专业学生分流到环境教育专业(即分流型)。比如,为了配合环境教育人才的培养,我们增加了一组有关环境教育的课程,增设了《环境保护》、《环境学概论》、《地理与环境教育研究与方法》等课程,使高年级选修课程增加到三组,以便于学生向环境教育方向发展。
渠道三：跨专业型培养	地理教育专业可面向全校与环境教育专业相对靠近一些专业的学生,开设全校性的环境教育公共选修课程,便于相关专业学生得到环境教育知识和技能的系统学习,从而做到在更大范围内培养中小学环境教育师资(即跨专业型)。比如,我们从2004年起在全校范围内开设了《环境教育与可持续发展》公共选修课程,每年有许多相关专业(如生物教育、化学教育、思想政治教育)近1000名学生选此课程。
渠道四：在职培训型培养	以地理专业为依托,设计一套简单、科学、合理的环境教育培训课程,积极开展中小学专职环境教育师资的在职培训(即在职培训型)。比如,我们通过举办寒暑假教师培训班等形式,开展了中小学教师的环境教育知识的系统培训,已有2000多人接受过此项培训。与此同时,还通过成人教育(即继续教育)加强对在职中小学教师的环境教育知识的培训。
一目标	在中小学独立开设"环境教育"专门课程,以强化环境教育课程的价值和作用

　　事实上,"四渠道、一目标"的中小学环境教育师资培养、培训模式,又被总结为"一体两翼"的模式,即把高师地理专业作为主体课程,把在校学生的跨专业渗透教育(即公共课教学)与在职中小学教师的继续教育作为两翼,全面培养、培训中小学环境教育师资,来满足中小学环境教育之急需。实践证明"一体两翼"模式是十分行之有效的模式。

　　(三)创立研究基地,成立研究中心

　　成立于2002年的省人居环境学研究基地是省首批17个人文社会科学重点研究基地之一,它以省师范学院资源环境和旅游管理系为实际载体,以该系较有影响的人文地理学省级重点建设学科为基础,由地理学、区域规划学、区域经济学、城市规划学、经济学、环境学、管理学、哲学、历史学、生态学等多学科交叉组成的研究群体。内含 10 个教授、8 个副教授、3 个讲师,其中,博士 8 人、硕士 10 人,45 岁以下者占 80％。享受国务院特殊津贴的专家 2 人、教育部"新世纪优秀人才支持计划"入选者 1 人、全国青年地理科技奖获得者 1 人、省青年科技奖获得者 1 人、省优秀中青年专家 1 人、湖南省社会科学"百人工程"培养对象 1 人、湖南省普通高校学科带头人 1 人、湖南省优秀青年社科专家 1 人。并已安排 20 万元的专项经费,这些为研究工作的顺利进行提供了重要依托。成立 6 年以来,该基地在环境教育研究方面起到了十分重要的作用,具体体现在如下几个方面:①先后获得国家级课题 3 项、省部级课题 20 余项、横向研究课题 6 项,进校总经费 200 多万元。主要项目包括:国家自然科学基金项目"南方传统聚落景观的区域比较与创新研究"、全国教育科学"十五"规划重点项目"中小学环境教育创新与高师地理课程改革研究"、省社会科学规划项目"中国传统人居环境思想及其现代启示"等。②开通了"环境教育探索网"网站,在国内外引起了较大影响,并在当地经济和社会发展中发挥了重要作用。③围绕人居环境学这个新兴的学科主题,努力进行人居环境学的相关研究,发表了有影响的研究论文 100 多篇和有价值的著作 10 余部。④为了推进人居环境学研究成果,基地进行了较有影响的学术活动。如 2004 年 12 月,研究基地与省地理学会联合,成功举行了"地理学与环境教育"学术研讨会,参会代表来自全国 6 个省市共 120 余人,会议更加明确了地理学担负环境教育与人居环境学研究的重要意义及任务。2005 年 1 月 7 日,基地首席专家在省社科联的安排下,成功进行了省第二十期"三湘论坛",并在会上作了"诗意的栖居:小康社会人居环境建设的新境界"的演讲,来自全省 8 所高校及 10 多个政府机构的专家和管理人员共 100 余人出席了这次报告会。会后,多家报纸都对此次活动做了详细报道。2005 年 1 月 14 日,省日报以《诗意的栖居:小康社会人居环境的新境界——访省人居环境学研究基地首席专家》为题,《中国建设报》2005 年 3 月 4 日,以《诗意的栖居:人居环境的新境界——访师院副院长》为题,先后对建设诗意的人居环境的学术观点进行了全面介绍与高度评价,得到《中国人居网》等重要网络媒体的报道与转载。⑤先后获得省第六届、第七届、第八届优秀社会科学成果二等奖 4 项,省优秀教学成果一等奖 1 项、二等奖各 2 项及三等奖 1 项。⑥基地两位主要成员,相继获得国家留学基金会的资助,分别在 2003 年 9 月到 2004 年 9 月和 2005 年 6 月到 2006 年 6 月,前往加拿大的滑铁卢大学、约克大学做高级访问学者,探讨国际人居环境的最佳模式与指标评估体系,有力地促进了人居环境学基地建设与环境教育研究及成果推广与交流工作,对"中小学环境教育创新与高师地理课程改革研究"课题研究工作的深入开展提供了很大帮助。

学院环境教育研究中心,是在省人居环境学研究基地的基础上发展而来的,挂靠于师范学院资源环境和旅游管理系环境教育教研室,成员以高素质的青年教师为主,有教授 8 人、副教授 6 人、讲师 6 人,其中获得博士学位的 8 人。近年来倾入巨大精力进行环境教育与可持续发展研究。依靠"湖南省人居环境学研究基地"的人员与科研实力,在越来越多地发挥社会作用的同时,日益受到社会各界的关注。具体表现为:①已完成省科技计划课题"中国乡村人居环境建设与可持续发展研究",2001年获得湖南省教育厅科技进步一等奖。②课题组进行的环境教育类课题有:全国教育科学"十五"规划重点课题"中小学环境教育创新与高师地理专业课程改革研究",省社会科学基金课题"环境教育与科学发展观的建立"、"基于人居环境优化的环境教育模式研究"等专题研究工作。③针对现阶段中国中小学生环境教育的不足,在研究环境教育模式的同时,不断探寻中小学环境教育的问题与改进渠道。在湖南、广西、广东、浙江、江西等省的中小学校建立了 12 个环境教育实验及推广基地。④陆续建立了 5 个环境教育野外实践基地;推出了 2 本环境教育师资培养、培训教材;每年进行不少于两次的中小学校环境教育师资义务培训;每学期设立一门全校性的《环境教育与可持续发展概论》公共选修课,每年至少有1000人自愿选修此课。⑤为了把环境教育向社会快速推进与普及，本中心成员每年为社会进行6次以上的环境教育义务讲座与宣传，同时设计并开通了主要以大学生与中小学教师为主的"环境教育探索网站"，深得广大中小学教师与社会各界人士的欢迎，成为广大公民接受环境教育的重要途径。

（四）建立专用实验室、教室设立科普教育基地

依照中华人民共和国教育部颁布的《中小学环境教育实施指南》的要求，各地中小学必须将环境教育课程列为必修课程，学院环境教育研究中心为了顺应这一趋势，积极承担起了湖南、广西、广东等省区的中小学环境教育师资培养和培训的任务。近三年培养与培训了1000多位中小学环境教育教师，成为全国少数几所承担中小学环境教育师资培养和培训任务的师范院校之一。为确保环境教育师资培养和培训任务的顺利完成，提高教育教学质量，学校正着手建设"环境教育专用实验室"及"环境教育专用教室"。

师范学院"环境教育专用实验室"建设的目的，是给环境教育专业本科学生与在职中小学教师的环境教育技能培训创造基本的实验场所。设备配置主要是跟环境教育相关的基础实验设备，如水质分析仪、大气检测仪、噪声测定仪、环境监测仪、氧离子测定仪、原子光谱吸收仪、基本动物标本、基本土壤标本、基本植物标本、基本岩石标本，等等。同时，本实验室与教室已开辟为省和市科普教育基地。

（五）承担课题研究

为了保证研究工作的顺利开展，我们承担了"环境教育系列课题"，具体表现在以下四个方面：①负责全国教育科学"十五"规划重点课题"中小学环境教育创新与高师地理课程改革研究"这一核心课题。主要针对国内中小学环境教育师资培养、学科建设、课程模式等方面出现的主要问题，提出以知识体系相近的地理学科为载体，依靠对高等师范院校地理教育专业课程内容的改革和整合，开辟培养和培训中小学环境教

育师资的新途径，来尽快满足中小学环境教育的师资需求，并促使我国中小学环境教育的课程模式从现在的多科渗透式向独立设课式的方向发展，进而从根本上解决我国中小学环境教育师资的"瓶颈"问题。②负责省人居环境学研究基地委托项目"环境教育与科学发展观的建立"这一辅助课题。联系当前提出的"科学发展观"的问题，根据教育的基本功能，提出依靠进行多种形式与多种途径的环境教育，以实现树立科学发展观的目标，可为社会经济与人的全面发展提供有价值的决策依据。③负责省人居环境学研究基地委托项目"基于人居环境优化的环境教育模式研究"这一相关课题。主要通过建设优美和谐的人居环境，确立科学的发展观，增强公众环境保护意识，理解环境与人类之间的关系，从而让公众普遍地认识到："为了确保我们的生存，并提高生活的质量，必须认识环境的重要性并采取相关的行动。只有全面开展环境教育，探索基于人居环境优化的环境教育模式，让全社会的人都树立深刻的环境保护意识，才能从根本上保护人居环境，环境教育成为实现人居环境优化的重要途径。"④负责省教育厅教学改革研究项目"基于高师继续教育途径的环境教育模式探索"这一相关课题。联系目前"科学发展观"、"构建和谐社会"的问题，紧紧围绕高等师范院校作为"教育中的教育"的功能，提出在高等师范院校成人教育中进行形式多种多样的环境教育，建设科学的高等师范院校成人环境教育结构体系，不管是在理论上还是在实践意义上都有一定创新，是对核心课题的进一步完善与补充。

（六）建成"探索网"，开设"教育专栏"

为了有效促进环境教育的各项研究、交流与推广工作。课题组专门从网站建设与学术交流等方面采取了方法。一方面，建设了"环境教育探索网"。全国教育科学"十五"规划重点课题"中小学环境教育创新与高师地理专业课程改革研究"课题组，在深层次认识到现阶段中小学环境教育师资紧缺问题的前提下，为了开辟多种途径以强化本科生环境教育知识内容教育与中小学教师环境教育素质及业务的培养，经过认真筹备，于 2005 年

8月建成了"环境教育探索网",深得广大中小学教师与社会各界人士的欢迎,成为广大公民实现环境教育的重要渠道。受到加拿大、日本等国学者及学术团体的高度赞扬。另一方面,开设了"环境教育专栏"。为支撑全国教育科学"十五"规划重点课题的研究,从2003年第6期以来,特意开辟了"环境教育专栏",到现在共发表课题研究论文30余篇,这对环境教育的促进与交流,发挥了十分重要的作用。

(七)模式创新与实践

中小学环境教育创新与高师地理课程改革研究的落实点在于各级中小学,具体着力于他们的教学和实践活动中,扎根于我们青年学生的思想中,体现在他们的实际行动中。在我们的研究过程中,先后同全国20余所中小学建立了合作关系,他们也积极地贯彻各项实际工作,取得了较好的实践经验,可用于参考与学习。

1. 方案创新与实践

在实验推广中形成了"结合型"环境教育模式。从"2005—2006学年第一学期高一地理备课组环境教育工作计划"表就可看出其基本情况。实践表明,此种模式值得参考与学习。

2005—2006学年第一学期高一地理备课组环境教育工作计划

【指导思想】保护环境是我国的基本国策。国家环保"九五"计划与2010年远景目标纲要,提出环境保护实施可持续发展战略。2005年4月29日,教育部"中国中小学绿色教育行动"第三阶段工作已正式启动,该项目要求把环境教育与可持续发展教育融入中国正规教育体系,成为两亿中小学生日常课程的重要组成部分。明确要求中小学课程要把环境教育作为一个跨学科的主题纳入中小学综合实践活动课程,鼓励地方与学校根据当地的实际需要,进行环境保护等方面的教育,为提高中学生环保意识,树立良好的环境道德观念和行为规范,大力推进素质教育和精神文明建设,培养创新精神和实践能力,在学生中普及环境科学知识、增强环境保护意识、养成环境保护习惯、参与环境保护的宣传活动,我校高一地理备课组特制定了以下计划。

【主要工作】

一、进行该计划的师资主要是高一地理备课组的五位教师。

二、在地理课中适时渗透环境教育(要求写上相关教案),在考试中设有环境保护的内容。

三、应用校本课程(每周两课时)进行环境知识专题教育(讲座),增强学生的环境保护意识,在专题讲座后,联系专题内容开展相关的环保实践活动。专题内容包括:

(一)环境知识简介(让学生了解环境基本知识,为关注环境问题、解决环境问题、树立正确的环境意识和环境道德奠定基础);

(二)关注身边的环境问题(列举一些家庭、学校或乡村中曾经发生过的环境问题,引导学生去发现并关注身边的环境问题,增强环保意识);

(三)世界和我国主要环保活动简介(引导学生怎样去宣传环保知识)。

四、利用主题班会、《方舟文学社》、校园广播、黑板报、橱窗等渠道或阵地,结合地球日、环境日、爱鸟周、世界卫生日等纪念日进行环保宣传工作。

五、利用研究性学习活动的时间(每周两课时),组织环保兴趣小组成员进行形式多样的环保宣传与丰富多彩的社会实践活动。

六、本学期研究性学习有关环保的课题如下:

(一)校园环境现状调查

1. 选一所学校对全校师生进行"环保知识知多少"问卷调查;

2. 对学校一些主要的环保问题进行调查(如用水、用电、垃圾处理及垃圾桶的配备、卫生间冲水设施、绿地面积等的调查);

3. 学生依照调查写出相关文章,向学校提出可行性的建议,并负责有关宣传工作。

(二)关注身边的环境问题

1. 指导学生发现并调查周围的环境状况(家庭、学校、农村);

2. 组织环保类科技小论文比赛、环保知识竞赛。

(三)环保宣传标语调查

1. 在大街小巷寻找环保标语(数量及内容)

2. 采访市环保局,了解本市环保普及的情况(如遇到的问题、推广力度、资金来源、地方重视的情况、宣传范围等)。

3. 调查结束后,由学生写出相关文章,且对本市环保工作提出建设性意见。

七、每学期举行一次环保知识竞赛,两次环保征文活动。

【附:行事历】

时间	讲座内容	实践活动
10 月	环境问题介绍	我校环境现状调查
11 月	关注身边的环境	环保知识竞赛 环保征文活动
12 月	世界与我国主要环保活动简介	市环保标语调查 校内环保宣传活动

英德市第一中学环境教育实施组

2005 年 9 月 1 日

2. 创新经验的介绍

在环境问题渐趋严重的今天,农村中学应该如何落实环境教育?怎样增强农村中学生的环境保护意识及环境保护能力? 这是放在我们面前的一个急切需要解决的问题。以下以一所农村高级中学为例,对一些环境教育创新经验作些介绍,以资借鉴。

中小学环境教育创新经验介绍表

主要经验	简要介绍
高度重视	2004 年开始,学校成立了由校长任组长,学校各处室负责人以及学校全体地理教师为组员的学校"环境教育领导小组",决定通过实施环境教育,争创绿色学校。制订了环境教育的实施目标、相关实施计划和严格的目标考核方案。
分工明确	由地理教师牵头,学校校长室组织了一个由地理、物理、化学、生物、语文、音乐、美术各科骨干教师组成的"环境教育校本课程编写委员会",编写完成了图文并茂的《整合地域资源的环境教育》校本课程。
以校为本	在全校范围内设立了整合地域资源的、由地理教师主讲其余各科教师协讲的环境教育校本课程。除高三外,保证每班次每周课时量不少于一节。教导处制定了"学校环境教育综合实施规划表",每周对相关教师的备课、授课情况实施督促与检查,成为学校环境教育教学目标考核的重要一环。

主要经验	简要介绍
立足实际	在实施环境教育课程之前,做了一个关于学生环境保护意识和环境保护能力方面的问卷调查,结果表明,学生在环境保护意识环境保护能力方面存在明显不足,在学校开展环境教育之后,又做了一个同样的问卷调查,同前一次结果对比表明,学生在环境保护知识的掌握和环境保护道德意识、环境保护法律意识、环境保护行为能力等方面都大有提高,达到了预期的教育目的。
模式适当	主要有五大模式:①研究型课题模式。通过老师先提出研究性课题,学生通过各种方法调查分析,得出相关结论,老师最后适当点拨释疑。②角色扮演模式。通过学生编写关于环境保护题材的话剧剧本或成立环保法庭,自己扮演角色,让学生在嬉笑怒骂中领悟环境保护的道理。③学科交叉结合式。建设涉及到地理学科与化学、生物等学科相关知识的交叉渗透的绿色化学实验室,绿色生物实验室。④参观调查模式。依靠实地调查访问,通过学生自己发现环境问题,并独立提出解决环境问题的见解。⑤社区服务模式。如植树节带领学生到社区的荒地上每人植一株"绿色希望树"、世界环境日到社区进行环保宣传、在社区中加强对垃圾回收利用的宣传,在乡村地区进行减小农村水源污染的宣传等。

3. 教育经验介绍

强化中小学环境教育,让中小学生获取一些关于环境科学的知识、技能,引导他们以正确的环境观、价值观和道德观去认识环境与发展问题,对于培养一代具有环境保护意识的新型建设者有着重要的意义。有些中小学环境教育结合学校"环境教育课题",依靠课堂教学与活动开展等形式,取得了比较好的效果,现把其做法总结如下表,以便借鉴与学习。

主要方面	有益经验
课堂教学中渗透环境教育知识	在常识课中,老师在常识教学中联系我国资源丰富,却流失严重、保护不力等现象,实施环境知识教学与环保技能的培养,让学生能带着问题去思考、去学习,通过实践让学生自觉树立起环保意识,规范自身的环保行为。
	在语文课中,教师抓住学校中进行的多姿多彩的环保活动,以环保为切入点来引导学生表达真情实感,把作文教学同环保活动结合起来。
	在数学课中,老师们把环境保护中的实际问题引进课堂,利用环保数据编写应用题及数学趣味故事。
	在思想品德课中,有专门讲到环境保护的问题,老师结合课文引导学生,保护环境要从身边的一点一滴做起,如不浪费水电,爱护花草树木,不乱扔纸屑等,培养学生爱护自然环境的意识。
	在自然课中,老师紧扣教材,联系实际,充分利用自然学科同环境教育紧密相连的特点,适时向学生传授了自然知识,同时进行了环保教育。
	在美术课中,鼓励学生依靠画笔来表达自己的思想与情感,表达自己对环境保护的美好设想。
积极开展课外活动	建设校园文化。学校专门开辟了环境保护宣传栏,定期开展环境教育报刊展阅;很多班级自发办起手抄报宣传保护环境,还有些班级的学生自制环保宣传小标语牌,如"小花小草我爱你,就像老鼠爱大米"等。
	开展"我为大地添新绿"活动。采取自愿捐花的方式,把花草带入校园,装扮教室及宿舍,又分组对花草进行养护,使小学生不但了解到了每种植物的习性、特点,增长了见识,且培养了劳动习惯,提高了环保意识。
	成立"雏鹰小分队"。建立了护绿区、发动全校师生人人动手盆栽花木、利用郊游等时间分散到公园的各个角落,开展卫生大扫除、回收各种废弃物,将废品按塑料罐、易拉罐、废报纸、硬纸板、铁等不同种类分类存放,并把变卖废品的钱捐给希望工程,捐给莫高窟世界遗产保护基金会。
	组织社会调查活动。组织学生参观工厂、社区、农村的环境状况,进行了如"城区与农村的天气状况比较及成因"、"市民的环保意识程度"、"人们对环保问题的看法或设想"等环保问题的调查,在社会上进行宣传,倡导人们拒绝使用一次性筷子、一次性塑料袋,节约资源、反对浪费、减少污染,为环境保护作贡献。
	依靠这些措施,达到了比较好的效果:①校园处处可见环保宣传,处处可见环保带来的绿意,处处充满美丽与生机。②学生环保知识显著增长,环保意识显著增强,环保行为初步养成,全面素质普遍提高。③造就了新型的教师队伍,提高了教师的整体素质。

（八）重视考查与评估

在我们的环境教育教学和科研工作中,在贯彻理论研究和创新外,还特别注重实践方面的探索和研究,这样一方面可以用实践经验充实理论;另一方面可以更好地了解和把握我们的研究对象,有利于提出一些符合实际情况的环境教育方案。多家单位共同组织和策划,采取了如下关于考察和评估环境教育的具体措施:①进行大学生环境教育问卷调查。比如在 2006 年环境教育公共选修课中,进行了抽样式环境教育调查。在 400 余名受调查对象中(男 200 人、女 201 人),18－24 岁年龄段均有分布,其中来自资旅系 1 人、美术系 90 人、数学系 13 人、中文系 27 人、化学系 15 人、音乐系 9 人、经法系 71 人、计算机系 75 人、体育系 4 人、物电系 15 人、政教人文系 15 人、新闻系 15 人、教育科学系 9 人、外语系 42 人。②开展中小学生环境教育调查问卷。在 2007 年,我们对一处全国百强中学进行 300 余人的抽样调查。其中高一县区班 66 人(男 45 人、女 21 人);高一市区班 62 人(男 32 人、女 30 人);高二文科班 47 人(男 14 人、女 33 人),高二理科班 57 人(男 25 人、女 32 人);高三文科班 44 人(男 8 人、女 36 人);高三理科班 38 人(男 11 人、女 27 人)。③开展市民环境意识调查问卷。在 2005 年我们对部分市民进行了环境意识调查。④进行农民环境意识调查。在 2006 年,结合新农村建设的大形势,通过"三下乡"的渠道,在衡阳市部分乡村进行了农民环境意识调查。⑤依据资料比较,综合评价不同城市的居民环境意识情况。⑥以考察的方式,进行环境教育评估考查及大学生环境教育问卷调查。

（九）"三结合"模式的贯彻

针对课题研究过程中所遇到的某些实际问题,参考国内外在教研方面的成功经验,课题组凭借自身的探索,提出"三结合教育模式"思想,认为中小学教师在进行环境教育的过程中,应当重视"过程教学、实践教学和研究性教学"三者的结合(如下表)。

环境教育的"三结合"教育模式构想

模式	基本要求	表现	控制点	作用
过程教学	将环境教育知识与技能的培养贯穿于教学的每个环节与整个过程,通过认真学习、独立思考、共同探讨,获得足够的知识	浓缩核心知识与理论	强调结构优化	素质核心基础
实践教学	在环境教育实践中学习知识、巩固知识、探究问题、解决问题	操作训练、实地实习	强调效率优化	实践推动作用
研究性教学	在环境教育教学中提炼与总结知识,丰富并拓展教研内容,获得独立思索的能力及解决问题的能力	调查分析、综合研究	强调新的信息增长	导向作用

三、未来研究的方向和着眼点

紧紧把握国内外环境教育的发展大趋势,结合自己以往的工作基础,并考虑本地具体实际情况,对今后我们的环境教育教学研究工作提出以下几个发展目标:

(1)适应国际环境教育学发展的趋势,结合实际情况,寻找符合地域特色、文化特点的环境教育创新模式;

(2)继续提倡"创新"的理念,欢迎全国更多的学校加入我们的研究阵营,并相互借鉴与学习,为全面建设"以人为本"的和谐社会服务;

(3)寻找符合中国中小学环境教育创新和高师地理改革要求的环境教育评估指导体系,为各级大中小学环境教育的实施提供科学依据;

(4)深入研究各级中小学环境教育优秀经典个案,从中吸取精华,有效指导目前的环境教育工作;

(5)采用理论与实践相结合的方法进行研究工作,把研究成果进一步应用于各级中小学环境教育教学和研究实践工作中去;

(6)开展国际合作,不仅吸收国外环境教育的最新研究成果来指导我们的实践,还应把中国传统的强调人与自然和谐的环境思想以及我们探索的有益实践传播到国外,达到人类优秀文明成果共享的境界;

(7)结合区域研究经验与国内外研究动态,勇于开展理论创新,进一步完善中小学环境教育的"一体两翼"课程模式与"四渠道、一目标"的师资培养模式,强化中小学环境教育师资培养和培训的理论和实践研究;

(8)进一步强化各级各类人才培养,贯彻"三结合"教学模式,组成更具影响力的研究群体及环境教育教学队伍。

第六章　中学环保教育创新漫谈

第一节　新课改下的中学环保教育的发展

一、环境教育的地位得到明显提升

新世纪初,为了环境教育在组织与制度上能够得到保障,教育部决定把环境教育正式纳入我国中小学课程中,并颁布了《中小学环境教育主题教育大纲》和《中小学环境教育实施指南(试行)》,推动了我国建国以来的第八次基础教育课程改革在全国范围内的迅猛发展。

倡导人、自然、社会和谐发展,追求人全面发展的价值取向,设计回归生活的课程形态是世界范围的基础教育课程改革中的一个重要理念。新课程改革也体现了这一理念,如地理课程标准中就清晰地将"关注人口、资源、环境和区域发展等问题,以利于学生正确认识人地关系,形成可持续发展的观念,热爱地球、善待环境"作为课程的基本理念之一,物理课程标准中就要求初步认识科学同其相关技术对社会发展、自然环境和人类生活的影响,具备可持续发展的意识,个人力所能及地对社会可持续发展有所贡献。

此外,新的教育改革中,环境教育未能独立设课,而是穿插与渗透在各学科中,然而新课改中添加了不少环境教育内容,这些内容或有专门的章节,有的则"隐藏"于各知识点中。如根据新课改理念编写的湘教版高中地理教材中有关环境教育的内容就有许多,且在选修课中单列一册讲解环境保护,如下表。

根据新课程理念编写的高中地理教材涉及环境教育的内容

课程模块		涉及环境教育的内容
必修	地理1	地球和宇宙的基本知识,地理环境对人类活动的影响,人地关系的发展演化
	地理2	聚落与环境的关系,人类产业活动对地理环境的影响,特别是人地关系的协调发展
	地理3	人类活动对区域的影响,怎样促进区域可持续发展
选修	宇宙与地球	太阳与人类的生产生活,地理环境的形成和发展,地表形态的变化及其机制
	海洋地理	海洋与我们的生活,海岸带及其开发建设,海洋资源的开发利用,海洋生态环境问题及保护对策
	城乡规划	城乡发展和城市化问题,城乡建设与生活环境,城市可持续发展问题,建设生态城市、创造良好的人居环境
	自然灾害与防治	自然灾害与我们的生活,自然灾害发生演化机制及防灾减灾对策,环境生态保护和自然灾害治理
	环境保护	关于环境的基本知识、环境问题及其影响、资源问题与资源的保护利用、生态环境问题与生态环境保护、环境污染与防治、环境管理

这些,必定会让环境教育在基础教育中的比例增加,使其地位得以提高。

二、传统的环境教育思想受到冲击

《基础教育课程改革纲要(试行)》从"知识与能力、过程与方法、情感态度与价值观"三个层面提出和制定教育的基本目标。要求新课程必须"改变课程过于注重知识传授的倾向,强调形成积极主动的学习态度,使获得基础知识与基本技能的过程同时成为学生学习和形成正确价值观的过程";新课程必须"改变课程实施过于强调接受学习、死记硬背、机械训练的现状,倡导学生主动参与、乐于探究、勤于动手、培养学生收集和处理信息的能力以及交流与合作的能力"。贵在参与、注重过程、强调方法是其精神的基本思想。

环境教育的根本宗旨是让学生确立关注和爱护环境的情感态度与"可持

续发展"的思想意识,培养良好的环境行为习惯。而传统的环境教育思想过于注重知识的传授,突出"一切从社会出发",使学生处于被动地位,这让传统的环境教育思想受到严重冲击,环境教育不仅要强调"关于环境的教育",更要突出"在环境中的教育、为了环境的教育",强调学生的环境保护实践与参与能力、提高学生的环保意识、提高其环保技能与参与水平。

三、新课改理念下创新环境教育面临的问题

1. 环境教育意识落后

在应试教育的影响下,学生、老师、社会、家长无不把注意力集中于考分之上。学生学习负担重,只注重自己考试分数,很少关注自己掌握的环境知识有多少;家长也仅关注子女的成绩,认为环境教育只是一种负担;教师也认为环境教育有无皆可,上课时也只是走过场,有时间就讲,没时间就不讲,特别是物理、数学等课程,进行环境教育的程度较低。

2. 专业教师严重缺乏

环境教育创新脱离不了专业的师资队伍,而从现在的高师院校学科开设状况来看,开办新的环境教育专业暂时不具备条件,又不具备办学的规模与效益,所以没有一个专门的环境教育专业,导致专业教师极度缺乏。环境教育只能由各科教师依照教学内容渗透,而因他们未能受过环境教育的全面培训,对环境教育的知识体系缺少应有的理解,最多仅从本专业的角度加以了解与解释。但终因缺乏专业教材,导致有些知识点重复讲解,且有些又讲解不够,导致学生无法形成系统的环境观、资源观。又加上各科老师上课时主要以自己的专业课程为主,很少实施明确的环境教育分工,也无固定的环境教育教学计划与授课时间,教学效果不佳。

3. 教学方法传统老套

新课程标准倡导合作学习、自主学习、研究学习、探究学习等,进行环境教育也要激发学生合作学习、自主学习、研究学习、探究学习的热

情,但现在的环境教育模式主要处于教师教、学生听的传统模式上,"以课堂为中心、以教师为中心、以书本为中心"的模式依旧没能改变,教师仅求满堂灌输,组织学生实践学习不多,不能启发学生的思维及培养他们的兴趣。学生被动学习,具备一定的理论水平却不能实践,动手操作能力与创新能力薄弱,行知脱节。

第二节　新课改理念下进行中学环境教育应遵循的基本原则

一、以学生为本的原则

教师是教育的主导者,但学生则始终是教育的中心,是教育实施的"根本",新课程改革理念要求中学的环境教育要由系统论出发,紧密联系实际,以学生为教育的中心与根本,致力于促进学生的发展,高度重视过程和方法的教学,来提高学生的环境知识、端正对环境的态度,形成良好的环境行为。具体说来,要做到以下几点:①在环境知识的教学上,要以学生为本。理论始终源于实践,书本上的环境基础知识也是源于我们的日常生活,是实践的升华与浓缩,环境教育的知识应以学生为本,了解学生的基本情况,详略得当地传授环境知识。②在环保态度的端正方面,要以学生为本,环保态度是在懂得一定理论基础知识的基础上,进行环保行为的关键和决定性因素,依托新课改理念,中学环境教育的开展要高度重视学生环境态度的端正,积极引导学生从现实生活经历和经验中了解环保的功能和价值,培养环境情感,确立环保意识,提高环境责任感。③在环保行为的实施上,要以学生为本。进行环保行为是实践环境保护,实施环境教育的根本目的。所以,依据新理念的要求,创新中学环境教育必须着力于"环境保护以学生为根本",经常有针对性地提供学生展现环保才能的机会与平台。同时经常有效地针对其中的问题提出改正方法。

总之,在新课改理念下,要创新环境教育,必须以学生为本。

二、趣味性原则

环境教育要求在环境中教学、为了环境而教学,教学成果也必须由环境来检验,而不是传统意义上一排排学生自始至终地坐在教室内,由老师用一支粉笔、一块黑板进行的教学。依据新课改要求,创新式的环境教育要求选择不同的有代表性的经典环境案例,应用不同的教学手段,介绍国内外不同的学术观点与环境思想,并充分利用校内外的各种综合资源,不断增强环境教育的趣味性。具体来讲,表现在如下几个方面:①教学内容的趣味性。一方面,要全面透彻并有针对性地讲授课本上的环境基础知识,以利形成系统性的环境知识。另一方面,要结合学校及乡土方面的实际,选取一些代表性强的经典案例,增加课堂教学内容的趣味性,另外,还可适当介绍一些最新的学术动态,来调动学生的积极性。②教学手段的趣味性。"一支粉笔＋一块黑板＋三尺讲台"的传统的教学模式已不能满足新课改下环境教育的要求,必须引入多媒体等教学方式,生动形象地展现声、形、图、文、影等综合性效果,以利学生在学习中获得乐趣。③教学程序的趣味性。依据新课改要求,环境教育作为一项素质教育和发展教育,应当优化传统的教学程序,增加趣味性,摒弃传统的教师专讲、学生专听式的课堂程序,可适当采取一些趣味性的教学程序,如老师引导——学生思考、阅读——学生讨论、发言——教师总结、提炼——学生反馈信息——学生课堂小结——师生一起提出课堂的优缺点——师生提出优化方案——师生课后总结。这一教学程序可全面调动学生的积极性,形成教学互动的良性循环。

三、前瞻性原则

环境是时刻发展变化的,应经常关注这种变化,并时时摒弃旧的知识框架,由环境出发,依靠听、读、说、论、做等多种方式,去主动思考问题、发现问题,培养创新精神与求实精神,把握动态,甚至要引领动态,这是对新课改理念的深化——环境教育的前瞻性。具体体现在:①内容的前瞻性。新课改要求环境教育教学不仅要传授环境知识,还要重视能力的培养,21世纪是"知识大爆炸"的时代,各类新知识层出递进,各种旧观念被经常摒弃,所以,要创新环境教育,必须注重内容的前瞻性。②方法的前瞻性。为了能及时准确地把握最新的环境动态,必须采取先进的方式,如人们喜闻乐见的 Internet、地理 3S 技术等用先进的方法获得全新的知识,增强学生的环境素养。③理念的前瞻性。教学理念是教学操作的灵魂,环境教育工作者更应具有先进的教学理念,及时把握国内外最新进展、动态,及时进行各种交流活动(如同行交流、异行交流、师生交流),以便让各种思想相互碰撞、相互参考,以期产生创新型理念。

四、校本性原则

"校本"是新世纪学校教育改革和发展的全新教育理念。环境教育校本性原则要求环境教育教学基于学校、为了学校,且在学校中进行,主要是以师生为主体,以教育教学的现实问题为对象,在环境中采取多种资料与方法,对教育教学现象实施探究、分析资料,总结经验以致形成理论。校本性原则为新教育理念下环境教育的创新提供了根本保障,具体体现在三个方面,如下表。

环境教育校本性原则的基本体现

基本体现	表 现
尊重师生	尊重学生的环境兴趣与环保方式 尊重师生在环保方面的劳动及劳动成果
目的明确	制度的制定必须要有针对性,不可模糊不清,要有的放矢,努力建设良好的教学环境
适度奖励,奖罚分明	对于在环境教育工作中做出贡献的师生要给予奖励,贡献越大越突出,奖励越重;对破坏环境教育、扰乱环境教育者应当处罚,情节越重,处罚越重

第三节　拓宽新课改理念下的环境教育创新渠道

一、转变教育教学观念,改变教法和学法

新课改理念要求必须改变传统的教学理念,改变过去那种以教师为中心,进行单一的知识传授,学生处于"被动"地位,教师常错用、滥用自己的职权,不能公平对待每一个学生,自觉将新课改理念中与环境教育有关的内容转变为行动,变教师专门的知识传授者的角色为学生学习环境知识的研究者、指导者、合作者,形成民主平等、共同发展的新型师生关系。

在教学方法上,新课程标准突出以学生发展为主,因而,就应坚持四项基本原则。即坚持以基础知识与基本技能为基础,以此基础为追求三维教学目标的贯彻;坚持教材是基本的教学资源,灵活运用、扩展、开发、形成多种教学资源;坚持真正以"学生"为主体,也就是教师主导下学生的主体性;坚持以启发探究式讲授为主,追求多样化的教学方法,促进学生在教师的指导下主动地、个性化地学习和实践,培养学生的环境素养。如在讲授"人类面临的环境问题与可持续发展"之前,可让学生调查一下自己周围的垃圾污染状况,它们是被如何处理的,每天产量是多少,主要是什么,并以此引发到整个社会的垃圾处理问题,让学生探讨其对环境的影响与解决办法。课后还可布置学生搜集有关环境污染物来源及其处理办法的资料,让他们对知识进一步巩固。这样,就将案例分析法、讨论法、调查法等方法结合起来,引导学生质疑、调查、探究,从实践中得到学习,以利学生主动创造环境能力的培养。

在学习方法上,可实施"六基式"的学习模式(如下表),指导学生改变死记硬背、照抄照搬、行知脱节、脱离社会、脱离现实、脱离生活的学习习惯,引导学生自主学习、合作学习、探究学习,批判思考、合作交流,增强学生的创新意识与解决实际问题的能力。

新课改下创新中学环境教育的学习模式表

学习模式	模式简介
基于资源的学习	充分利用学校的各种环境教育资源,如课本、校园环境、校园活动等
基于实境的学习	组织学生到现场参观、调查,增强其感性认识
基于问题的学习	以设问、反问、提出思考题等方式引导学生思考
基于案例的学习	提供同课程内容相关的案例,以事实说话
基于项目的学习	引导学生针对环境话题进行研究及项目实践,制作科技论文、研制科技小作品
基于合作的学习	鼓励学生合作交流,共同探讨相关的环境问题

二、加强环境教育的师资培训

师资培训发展是环境教育事业的一个决定性因素。环境教育专家们普遍认为:"在环境教育内容、方法与过程方面接受过良好教育的师资不仅能在国内环境教育事业中发挥重要作用,而且还会推动成员国共同发展环境教育。"现在我国的中学环境教育师资还比较缺乏,为创新环境教育,必定赶紧认真地搞好中学环境教育的师资培训,培育出一大批合格师资。细致来讲,可以采取如下两个方面的做法。一方面,对在职所有跟环境教育相关课程的任课老师和学校的行政管理人员实施在职培训。在不影响学校正常的教学工作的基础上,通过各种渠道与方法,在现有的条件下努力开展相关人员的在职环境教育培训。例如利用假期进行环保知识培训,对各科教师开展集中轮训,还可组织教师观摩,或请有关环境专家作专题讲座等,来增强教师的环境意识与理解力。比如,有些单位在 2004 年和 2005 年的寒暑假,相继与教育行政主管部门进行了 4 期"在职中小学教师环境师资培训",颁发了"环境教育师资培训证",对近 2000 名教师实施了培训,得到社会、学校的广泛好评。另一方面,对师范生实施全面的职前环境教育和培训。随着环境教育发展的深化、复杂的环境问题涉及的学科领域渐趋广泛、中学环境教育的艰巨性也逐步增大,仅仅靠在职师资培训已远远满足不了需要。所以,注重在职培训的同时,还应当强化环境教育师资的职前培训。如澳大利亚维多利亚州的罗斯顿高等教育学院业已把物理系、生物系、化学系、地球科学系与数学系合并为一个新的环境学系。该系的课程目标是培养具有较高的环境学识的中学师资,使他们掌握跟环境相关的知识、技能,以及培养他们运用与传播这些知识、技能的能力。这一做法值得我们参考与思索。

三、丰富环境教育的资源和方式

环境教育的创新与环保意识的深入人心离不开丰富多彩的教育资源,为满足新课改的要求,应开发和利用多种教育资源,以活泼多样的方式让环境教育深入人心:首先,建立环境教育资源库。环境教育需要一定的资源与器材,学校可建立各种环境教育资源档案、引进专门的环境教育教科书、生物标本、挂图、电教器材、实验器材等,并设立专门的教学实践场所与教研部门,为环境教育创造必要的基本保障。其次,充分开发学校教育资源。环境教育离不开学生的实践与参与,环境教育的成果也须通过学生的实践来检验,可充分利用校园现有条件,成立环保兴趣小组及环保宣传队;组织学生凭借一些同环境相关的节日如世界地球日、世界水日、世界环境日等开设专门的环境教育墙报、橱窗、板报;组织学生观察校园的环境现象、调查校园环境的变化情况;进行同环境教育有关的座谈会、演讲、科技小论文竞赛、辩论赛等;也可在校园广播、电视中开辟专门的环境教育专栏,每天定时播放,让学生在耳濡目染中受到潜移默化的教育。再次,开发利用校外教育资源。学生天生爱玩,可组织学生到公园、生物标本博物馆、环保先进点、自然保护区、政府部门、环境污染严重点、环保局、环保研究科研院所、企业等极具环境教育意义的场所参观、旅游、考察等,使他们在玩的过程中受到环境教育。也可聘请相关学者、专家、官员作演讲、报告等,让学生了解最新的环境发展态势、政策及学术思想。最后,充分利用网络资源。随着信息时代的到来,网络为人们的生活带来了巨大影响,充分利用网络资源是进行环境教育不可缺少的重要途径。校和校、学校和社区之间可合作实现环境教育方面的资源共享;还可开设专门的环境教育网站、开设相关的 E－mail、BBS、聊天室、语音信箱供大家交流、探讨。

四、探索独立设课的环境教育模式

在进行环境教育过程中,各国与各地区基本采用两种模式来发展课程,即渗透模式与单一学科模式。渗透模式是各国各地区采用最为普遍的课程模式,它关联多门学科,常容易使环境内容过于分散,相互难以衔接,致使学习者不能受到系统整体的环境教育。单一学科模式避免了渗透模式内容零散但不系统的缺点,使环境教育具有更高的针对性与系统性,较大程度上避免了各学科把环境教育作为负担的可能,是环境教育的最有效模式。

为环境教育创新,可探索单一设课这种环境教育模式,将环境教育作为一门独立开设的系统的学校教育课程,组织专门的环境教育学科来传授环境教育范畴的基本概念与原理,出版专门的环境教育教材,把它以每周一二节课的时间正式排入课表,纳入学校的正常教学计划之中。在现在专门的环境教育师资缺乏的条件下,我们可以采用各科教师合作的办法,共同编写讲义轮流讲授。

当然,在中学现在仍以渗透模式为主的背景下,可以采取如下三个步骤来渗透环境内容:①识别相应的环境概念及其在具体学科中的渗透点;②选择且排列适当的学习单元;③编写教师课堂中应用的相关教材及视听材料。但我们极力推荐采用独立设课式,这能帮助环境教育知识的系统化,这也是我们在环境教育问卷调查三千多份问卷基础上总结出来的中学生的广泛愿望。

五、健全环境教育质量评价体系

长期以来,环境教育的评价方式以笔试为主,对象以学生为主,此种评价方式使学生厌倦、头痛。环境教育关联到学校、教师、学生、社会、家长各个方面,对环境教育的质量评价可以以学校、教师、学生这三方面为主,评价项目以知识领域为限,而应重视学习过程同学习结果评价相结合、形成性评价同终结性评价相结合、定性评价同定量评价相结合、反思性评价和激励性评价相结合。重应用、重过程、重参与、重体验。评价方法也应多元化(如下表),强调评价在推动学生环境素质发展方面的作用,但不过分强调评价的选拔功能,提倡客观记录学生成长过程中的具体事实,不过于强调评价的标准化。

环境教育质量评价项目及方法

评价对象	评价项目	评价方法
学校	对环境教育的重视程度	调查、考核
	教学设施和器材的完善程度	调查
	环境教育的质量和效果	调查、访谈
	环境教育的方案	调查、访谈
	环境教育的实施力度	调查
教师	自身的环境知识状况	考查、座谈
	课堂环境知识渗透状况	听课、调查、采访
	环境教育质量	考查、采访、实际操作、讨论
	身体力行状况	调查、采访、问卷测试
	环境教育科研和创新能力	考核、观察

评价对象	评价项目	评价方法
学生	对环境概念的理解状况	考查、访谈、问卷测试
	对环保发展状况的了解程度	访谈、考查、问卷测试
	环保技能的形成和运用状况	观察、调查、实际操作
	对环保方法的掌握状况	观察、实际操作
	环保探究活动质量	观察、实际操作、考查
	环保情感态度与价值观	讨论、访谈、问卷测试
	环保意识	访谈、问卷测试

第七章 树立环保教育的可持续发展观

第一节 可持续发展观的内容及原则

一、可持续发展观的内容

随着可持续发展思想的形成和发展,可持续发展的伦理观念逐步形成。具体内容如下:

首先,确立以人类整体与长远利益为最终目标。

在时间上,既要满足当代人的需求又不对后代人的发展构成危害,以保证人类道德的延续和发展;在空间上,既要保障人类的基本生存需要,又要不断提高人类的生活质量,实现人的全面发展,这种价值目标要求人们在追求眼前的、局部的物质利益时必须兼顾整体利益(全球利益)与长远利益(代际间利益),这样的发展行为才是可持续的,才是符合人类文明进化的伦理规范的。因此,损害人类共同利益的极端个人主义、利己主义或群体主义,以及损害后代利益的资源掠夺行为是为人类文明发展进程所不容的。

其次,强调当代人之间应具有公平公正意识。

由于历史和现实的原因,当代世界存在着巨大的贫富差距。发达国家和地区拥有巨大的财富,他们利用这种优势,用不平等的手段和方式,廉价地利用地球资源。这种不公正的经济行为是不符合人类文明进程的伦理规范的,应受到谴责和制约。也就是说,一部分人的发展不应损害另一部分人的利益,发达国家和地区的人们应履行扶持贫困的责任和义务。消除贫困,给世界以公正的生存和发展的权利,已成为可持续发展进程中必须加以考虑的问题。这就是人道主义的要求，也是人类真正平等的道德要求与道德责任。

最后，要求尊重、实现和维护自然价值，实现人与自然和谐共进。

二、可持续发展观的原则

在传统的经济活动中，人类往往只是看到自然资源满足人类物质需要的外在价值和工具价值，而以人的利益作为唯一价值尺度，忽视自然界本身的价值，对自然持一种纯粹功利主义的态度。可持续发展揭示了自然的内在价值，要求人们尊重自然，重新规范对自然的态度和行为，建立一种人与自然互利共生、和谐发展的新型关系，并且通过完善社会经济活动，如寻求科学的资源评估和定位方法，把资源核算纳入国民经济核算体系的方法，以及制定自然资源价格改革的经济手段，实现经济、社会、生态效益的统一。

由此看来，可持续发展观强调以下基本原则：

一是公平性原则。强调人类的需求和欲望的满足是发展的主要目标，然而，在人类需求方面存在很多不公平因素。所谓的公平是指机会选择的平等性。可持续发展所追求的公平性原则，包括两层意思：第一是本代人的公平，即同代人之间的横向公平性，要求满足全体人民的基本需求和均等的发展机会，因此，要给世界各国以公平的分配权和公平的发展权，要把消除贫困作为可持续发展进程中特别优先的问题来考虑；第二是代际间的公平，即世代人之间的纵向公平性，要求世世代代公平地利用自然资源。

二是可持续性原则。可持续性指生态系统受到某种干扰时能保持其生产率的能力。资源与环境是人类生存与发展的基础和条件，离开了资源与环境就无从谈起人类的生存与发展。资源的永续利用和生态系统的可持续性的保持是人类持续发展的首要条件。可持续发展要求人们根据可持续性的条件调整自己的生活方式,在生态可能的范围内确定自己的消耗标准。这一原则从某一侧面也反映了可持续发展的公平性原则。如布氏在论述可持续发展"需求"内涵的同时,还论述了可持续发展的"限制"因素。因为,没有限制也就不可能持续。人类对自然资源的耗竭速率应考虑资源的临界性,可持续发展不应损害支持地球生命的自然系统。"发展"一旦破坏了人类生存的物质基础,也就不能被称其为发展,而应称衰退,可持续性原则的核心指的是人类的经济和社会发展不能超越资源与环境的承载能力。

三是共同性原则。鉴于世界各国历史、文化和发展水平的差异,可持续发展的具体目标、政策和实施步骤不可能是唯一的,但是,可持续发展作为全球发展的总目标,所体现的公平性和可持续性原则,则是共同的,并且,实现这一总目标,必须采取全球共同的联合行动,从广义上说,可持续发展的战略就是要促进人类之间及人类与自然之间的和谐,如果每个人在考虑和安排自己的行动时,都能考虑到这一行动对其他人(包括后代人)及生态环境的影响,并能真诚地按"共同性"原则办事,那么人类内部及人类与自然之间就能保持一种互惠共生的关系,也只有这样,可持续发展才能够实现。

四是需求性原则。传统发展模式以传统经济学为支柱,所追求的目标是经济的增长。它忽视了资源的代际配置,根据市场信息来刺激当代人的生产活动,这种发展模式不仅使世界资源环境承受着前所未有的压力而不断恶化,而且使人类的一些基本物质需要仍然不能得到满足。而可持续发展则坚持公平性和长期的可持续性,要满足所有人的基本需求,向所有的人提供实现美好生活愿望的机会。

第二节 可持续发展的有效途径

伴随着全球绿色生态运动的发展,特别是 1992 年联合国环境与发展大会召开以后,可持续发展已经成为世界各国普遍接受的关于人类社会发展的全球战略。世界上大多数国家都考虑本国的可持续发展问题。其突出表现是:绿色制度创新、绿色产业创新、绿色消费创新方兴未艾,生态环境保护的国际协调与合作不断加强,科技伦理思想逐步深化,可持续发展的伦理观深入人心。

一、制度创新:可持续发展的强制性制度安排和非强制性制度安排

可持续发展的制度创新体现在强制性制度安排和非强制性制度安排。具体表现为:生态社会主义思想深入人心,绿党地位得以确立,各国政府对其宏观调控目标及政策进行了改进和调整,可持续发展的伦理观念逐步深入人心。

(一)生态社会主义思潮的兴起与绿党地位的确立

当工业文明的巨轮驱动着人类社会进入 20 世纪后半叶时,全球性的生态环境危机使人类社会面临着前所未有的挑战,正是在这种背景下,在西方国家兴起了一场以市民为主体,以保护生态平衡、反对战争和核威胁、维护世界和平、保护人们正当权益为基本内容的社会政治运动,并逐渐汇成一股"绿色"思潮,产生了各种各样的生态保护政党——绿党。

绿党是生态保护政党的总称。世界上第一个全国性的绿党是 1972 年 5 月成立的新西兰"价值党",号称欧洲第一个全国性绿党的是 1973 年成立的英国"人民党"(后来改称"生态党")。1980 年 6 月,有明确纲领、系统组织和影响广泛的德国绿党成立,并公开打出生态社会主义旗帜。在此之后,意大利、荷兰、日本、加拿大、芬兰、卢森堡、奥地利、瑞典等国的"绿色"组织也纷纷成立。为了协调各国绿党间的行动,成立了许多国际性的机构,1976年成立的"生态欧洲"是第一个国际性绿色组织,为了统一欧共体各成员国绿党在参加欧洲议会选举时的思想,1984年6月召开了第一次欧洲绿党结盟大会,成立了"欧洲绿党",并在1994年的欧洲议会选举中取得了23个席位,1987年8月在瑞典"环境党"的倡议下召开了第一次国际绿党代表大会,20个国家大约300名代表参加了大会,大会呼吁世界范围的绿党,为了人类未来的发展联合起来,共同奋斗。

(二)政府宏观调控目标的改进及其政策调整

进入20世纪70年代,特别是随着《21世纪议程》在全球达成共识,并得到广泛的支持,世界各国都制定了自己的《21世纪议程》,为此,各国政府普遍对宏观调控目标进行改进,并作出相应的政策调整,即不再仅仅以经济增长、充分就业、稳定物价、国际收支平衡等作为宏观调控的基本目标。这主要表现为:

首先,调整单一追求经济增长的发展目标,在政府宏观调控目标体系中纳入环境指标、健康指标等可持续发展指标体系的内容。

其次,研究和开发可持续发展的技术和产品的指标也被政府列入宏观调控的指标体系当中。

围绕以上宏观调控目标的调整,各国政府普遍采取了以下措施:

1.为了确保防止污染和保护生态平衡,实行环境许可证制度,禁止一切未领取环境许可证的生产和服务行为。这一政策法规出台后,对企业行为的约束规范作用十分明显,事实上,进入20世纪70年代以来,一些发达国家的政府如荷兰、日本、美国、德国、澳大利亚等,就开始制定出台了一系列环保法规,对有害物质的排放、大气污染的控制、地表水质的保护、化学和其他废弃物的处理、辐射物质和设备的保护等,都作了具体规定。据统计资料显示,1979 年,荷兰 50 万个相关企业中,已有 38％的企业领取了有害物质排放许可证,有 60％的企业取得废气排放合格证,有近 50％的企业获得了污水排放达标证。至 1989 年和 1997 年,上述百分比又有一定的上升,分别为 53％、79％、83％和 71％、84％、90％。

2.为企业提供环保信息资源,促进环境意识的增强和环境行为的进步。仍以荷兰为例说明问题,从 20 世纪 80 年代开始,荷兰政府就通过公共信息计划来促进企业主动地考虑环保价值的作用,从而实现控制企业行为的目的,荷兰政府所运用的信息措施主要有:从 1977 年开始,通过出版物向企业传递工业节能信息,内容主要是推广普及一些成熟的节能设备与经验。从 1979 年起,通过媒体信息和咨询活动,推广民用住宅节能知识,促进用户增强节能意识。从 20 世纪 80 年代开始,政府与企业签订了各种环保契约,共同对付环境问题。由于契约是一个符号文本,其信息对缔约双方都有制约作用,从 20 世纪 80 年代末开始,着手建立并实行环境影响评价系统。这一系统的建立,为政府和企业决策提供了大量的环保信息,对于确保决策的正确性和科学性,意义十分重大。

3.环境是一种资源,用经济手段保护资源和环境,是近年来西方国家通行的做法。保护环境的经济手段主要有两种:一种是环保补贴,一种是排污收费,如西方各国对工业节能,减少重金属污染,减少使用聚氯联苯、开发清洁汽车和无铅汽油等,都提供一定的政府补贴,以帮助和鼓励企业实行无害生产,关于收费,其领域主要涉及污水和噪声,日本、法国则进一步对空气污染采取收费政策。如法国对火力发电厂排放的二氧化碳收费,日本对化工厂排放的二氧化硫收费,事实上,这项措施已使法国、日本的有害气体的排放量明显下降,美国的环境收费政策主要是实施排污权贸易,将排污权贸易当成控制污染的主要手段,排污权贸易有两大优势:一是它能以最小的成本控制、治理污染,从时间序列看,污染治理成本低的企业在排污权贸易政策的引导下,率先治理污染,然后又将排污权卖给那些污染治理成本较高的企业。如此反复推进,最终实现污染的全面治理。二是这种污染控制方法易于实行,因为和其他法规措施相比较,政府所要掌握的边际污染成本以及减少成本的信息相对要小一些。

二、产业创新:绿色产业的兴起

20世纪90年代以来,西方国家的环保产业方兴未艾,其突出表现是环保农业的兴起,工业企业绿色化发展、废弃物再利用,绿色能源开发和利用及绿色产品的开发。

(一)环保农业的兴起

传统农业实质上是通过大量机械、化肥、农药的投入,换取农业的高产,这种耕作方式,导致土壤结构的破坏、农作物抗灾性降低、农产品残毒性增加、环境遭污染,影响人的身体健康和其他生物之间的平衡。20世纪70年代后,人们已逐渐认识到传统农业的弊端,试图找到一种更为理想的、不污染环境、使资源和环境能得到保护的农业。环保农业应运而生,它的特征是降低能量消耗,保护自然资源,改善环境质量,防止污染,提高食物质量等。欧洲及美国、日本等国的环保农业已有了一定规模的发展,美国正在探索一种农业持续发展的新模式。这种模式将轮作、翻耕整地、施肥和防治病虫害技术综合配套使用,达到保护生态环境和农业持续发展的目的。近年来,中国环保农业也有所发展,一部分地区形成了以沼气为中心的多层多级高效生态农业体系。

(二)工业企业绿色化发展

地球只有一个,为了人类的现在与未来,保护地球,保护人类生存和发展的环境,已成为国际社会的共同呼声。保护环境,企业有责。一些企业也认识到,保护环境对企业来说,不仅可以节省开支,而且能够增强竞争力。不少大企业加入了环保行列。可口可乐公司在全世界推行可以再循环使用的罐子;法国化妆品著名企业奥雷阿尔公司斥巨资2亿法郎,经过10年研究,终于发现了可以不用在喷雾剂容器中使用那些损害臭氧层的氯氟烃的新方法。一些原来对环境污染严重的企业也自觉地加入了环保的行列。如德国的一些化学工业大公司,由原来的污染大户变成了欧洲著名的绿色化企业。环保企业的兴起,一方面是企业为了自身的生存和发展;另一方面是人类环保意识的增强,共同推动了环保产品日用化,人们在衣、食、住、行等方面已开始奉行环保第一的观念。在穿衣方面,天然的布料、再生衣料、生态服装开始兴起;在饮食方面,不少企业已推出电解电离子式、逆渗透式、活水水机等改善水质的设备,向人们提供有利于健康和可口的"保健食品";在居住方面,不少企业提倡生态主义,为消费者提供了不会污染、不会破坏地球生态、兼顾环保观念和实用功能的产品;在行的方面,目前,欧洲、美国和日本等发达国家已着手开发环保汽车,德国已推出可全部回收再造的绿色汽车,美国、日本的不少企业也正在生产汽油添加剂和除污省油的装置。在中国,环保意识已逐渐融入各行各业,绿色化妆、绿色旅游(如广东万绿湖旅游风景区)等已成新潮流。环保企业、环保产业正在兴起,如美菱集团已成功开发了"绿色冰箱"。环保产业的发展,犹如巨大的浪潮冲击着人类所有的经济活动和日常生活,它的发展终将导致世界经济结构的重大调整。

(三)废弃物再利用

随着科学技术的发展和人们环保意识的增强,变废为宝,对"三废"(废物、废气、废水)进行"资源化处理",从中回收"可利用资源",已成为现代环保的重点。

一是对废旧物资进行综合利用。以往废旧物资一直是污染环境的重要因素,现在人们把它收集起来,进行加工和再利用,使之变为社会财富。这就既节约了自然资源,又防止造成公害。综合利用"三废",使"废物"资源化,已成为当前许多企业提高经济效益、加强环境保护的重要手段。如德国从钢铁生产的酸溶液中回收有用的硫酸,从罐头工业废弃物中回收可供销售的醋,从造纸业废液中回收化学药品供再利用,从而减少现代化造纸厂排污物的90%。利用废旧物资作为资源来生产产品,比之开发矿产和生物资源来生产同样的产品,往往投资少、资金回收期短,而且能消除污染,改善环境。这种既有可观的经济效益,又有良好的社会效益,以利用废旧物资为中心的新行业正在世界各地兴起。

二是除污防害。人类面对已被污染和破坏了的生存和发展环境,正在采取一切可能的措施减轻对环境的污染和破坏,并将工作重点放在对大气和水的污染处理上。在大气污染防治方面,针对臭氧层被破坏的问题,各国科学家们已投入研制氯氟烃等化学代用品,寻找补救臭氧层的方法。对大气重要的污染源——汽车、工厂排放的烟、尘等实行重点治理。从20世纪80年代中期开始,各大汽车公司认识到生态环境问题的重要性,纷纷研制和开发无污染汽车新产品。一些大的汽车公司也纷纷制定了生产电动车的计划,对于工厂排放的烟,一些国家把重点放在改进锅炉结构和烧煤方法上,尽量减轻对大气的污染。在水污染方面,世界各国大都采取污水处理,利用微生物、细菌、霉菌、酵母菌和一些原生物,使污水中的有机物分解为二氧化碳、水、硫酸盐等简单的无机物,同时辅以化学方法净化污水。

(四)绿色能源的开发和利用

开发和利用清洁能源主要体现在以下几个方面:

(1)充分利用太阳能,现今的一切能量资源归根到底都是太阳的辐射能,因此科学家们十分重视太阳能的开发和利用。一些国家还在研究太空发电,力图使太阳能成为未来的主要能源,从根本上改变人类利用能源的状况。

(2)利用风能。风能就是空气流动过程中产生的能量。现代化的风能利用主要是供发电。利用风能发电,尽管要受风力大小变化的影响,但它既没有辐射的危险,又不会污染,因而受到世界各地的青睐。

(3)利用地热能。地热能是地球热流从深处到地表流动而产生的能量。

(4)利用海洋能。海洋能是由海浪波涛压力、潮汐或海洋温差产生的能量,目前,世界各国利用海洋能源的技术,除潮汐发电技术外,还处在关键性技术的开发和实验阶段。

总之,人类与其生存环境是既对立又统一的关系,人类用自己的劳动来利用和改造环境,把自然环境转变为新的生存环境,新的生存环境又反作用于人类,这是一个反复曲折的过程。我们今天赖以生存的环境是自然因素和社会因素交互作用的结果,体现着人类利用和改造自然的性质和水平,影响着人类的生产和生活,关系着人类的生存和发展。保护地球,走可持续发展的道路,造福子孙后代,是我们这一代人应尽的职责。

(五)绿色产品的开发与研制

"绿色产品"概念的提出及其理论内涵,实施可持续发展战略,最终要落实在技术创新的层面上,20世纪80年代以来,在生产领域得到广泛提倡和应用的"清洁生产""污染预防"等一系列方法和技术进一步走向成熟,并发展演化出"产品生命周期分析"技术、"生态设计"和"绿色产品开发"等一整套全新的概念系统。这些概念的提出,使西方工业化发达国家实施可持续发展战略的具体技术体系发生了一场革命性的变革,尤其是"绿色产品"概念的提出与确立,在实现这场变革中扮演、发挥了不可替代的主角作用。

"绿色产品"概念是在"清洁产品""环境友善产品"的基础上提出来的,"绿色产品"的规定性和"清洁产品""环境友善产品"不同。前者强调产品体制及整体的理性,即在产品设计前和设计中就要考虑如何合理利用资源、开发资源,从而使资源的开发利用和人的消费目的能在产品设计中就得到合理的调适。后者基本上是一种结果分析,仅仅看到了产品与环境的直接关系,强调产品不能造成环境破坏;但是究竟如何避免产品威胁环境的问题,这还在其理论视野之外。因此,和"清洁产品""环境友善产品"相比较,"绿色产品"提出的是一种全新的关于环境与产品的价值标准。具体说来,这一价值标准表现在下述两方面:

其一,确认究竟什么是人的需要,需要是人类行为的发动机,但是,只有合理的需要才是值得满足的。在人类的产品开发设计体制中,以往却很少顾及这一点,凡是人类需要的,都是合理的,应该满足的,往往只注意可变资本与不变资本的投入与最终产品的关系,而不考虑资源能否持续和生态环境的质量问题,因此,这是一种以大量牺牲资源为代价的产品开发体制,它导致的是需求的无限膨胀和不合理增长,"绿色产品"理论主张,人类的需要应保持在一个合理的限度内。这个限度就是:维持人与自然协调发展,从而实现以较小的资源满足人类生存与发展的需要,可持续性地提高人类的生活水准。

其二,从合理的需要观出发,"绿色产品"理论倡导一种新的财富观,号召人们摒弃以高消费为生活追求的消费模式,防止对自然资源的无效占有和不必要消费。这一思想在产品设计中具体表现为:要利用最优化原理,用最少的材料、最少的人力和能源消耗,实现产品的最大功能;要利用一切工艺手段,尽量提高产品的耐久性,从而达到节约的目的;要注意可再生材料产品的生产。材料的反复利用,不仅能实现价值的不断增值,而且可能避免对环境的直接污染。

三、消费创新:绿色消费的兴起

绿色消费运动,目前正在世界各国蓬勃兴起,它是环境保护所引起的人类生活方式变革的产物,也是环境意识日益深入人心的必然结果。随着绿色消费运动的发展,全球正日渐形成一种"保护环境,崇尚自然"的生活风尚。

(一)绿色产品消费热

目前,既没有受到污染又不会污染环境和破坏生态的产品备受消费者的青睐,人们把这种产品亲切地称为"绿色产品"。1990年进行的两项调查表明,67%的荷兰人和82%的德国人在超级市场购物时考虑环境污染的因素,英国的购物者约半数会根据对环境和健康是否有利来选购商品。消费者有环保要求,零售商也利用环保因素来推销商品,1989年德国的腾格尔曼超级市场集团通知供应商,从1991年起,所有含纤维素的产品和包装品都不得含氯。

国外已经出现了一批专售无污染商品的"绿色商店",虽然商品价格较高,可依然顾客盈门。现在形形色色的"绿色产品"越来越多,从"绿色食品"到"绿色用品",从"生态玩"到"生态时装",从"绿色汽车"到"生态住宅"。无论是对成年人还是对少年儿童,绿色市场都在迅速发展。

在这里"绿色"当然不是真指绿的颜色,而是"无污染""无公害","环境保护"的代名词,是"生命""健康""活力"的象征。

诸如不施化肥、农药种植的蔬菜,用不含抗菌素、生长激素和其他添加剂的饲料饲养肉鸡,不含有害物质、不对生态环境造成危害的洗衣粉,能够自行降解而安全回归大自然的塑料制品,用回收纸制做的文具用品,用不含氯氟烃物质做制冷剂的冷藏柜,既节省燃料又极易拆卸、回收、再利用的汽车,完全用木、石、土等天然材料建造的住宅等,都属于绿色产品。

为了鼓励、保护和监督,保证"绿色产品"的生产和消费,不少国家实行了"绿色标志"制度。"绿色标志"是不同于产品商标的一种标签,它的作用是标明某产品符合环保要求和对生态环境无害,需经专门委员会的专家鉴定后才由政府有关部门授予。它的评价标准包括好多方面,如含毒量小、排污少、噪音低、废弃物量少、资源循环利用率高等。

各国对"绿色标志"的命名也不一样,如德国叫"绿色大使",美国叫"绿十字",日本叫"生态标志",加拿大叫"环境的选择",法国叫"法国标准环境"等。购买贴有"绿十字"标签的商品已成为美国西部超级市场里的新时尚,一场"绿十字"浪潮自西向东席卷整个美国,专家们认为,这支"绿十字"军的崛起将会带动美国消费者环境保护意识的进一步增强,从而引导美国消费市场的一场环境革命。

德国现有的70多类商品中,已有3500种取得了"绿色大使"标志,它们的"足迹"遍及德国民用消费的各个领域。

在中国,农业部于1990年率先命名和批量推出了自己的无公害"绿色食品",到1992年2月,已有270项128种食品被授予"绿色食品"标志。

(二)绿色包装热

目前流行的包装材料和包装方式,不仅造成了资源的浪费,而且严重污染了环境。如塑料袋、易拉罐等,需要一个世纪才能分解。为此,一些国家已经或准备立法限制易拉罐的制造量和使用量,如意大利政府宣布在今后 1 年中禁止使用非生物降解包装物。解决包装问题已经提上议事日程。为了达到既节省资源又保护环境的目的,许多国家正在积极地研究各种解决包装问题的办法,希望实现理想的绿色包装,即不制造任何垃圾的包装方法,这也是表现在包装上的绿色消费。

现在,对包装方法和包装材料的研究,已取得了一些成功。如德国发明了一种用淀粉做的遇流质不会溶化的包装杯,每年为它们节约了制造 40 亿只塑料杯的材料,这种杯子吃下去不会增加太多的热量,弃置后在自然中也容易分解掉。最后,瑞士有人发明了一种可食用的盘子,这种盘子是用谷物混合制成的,在一次性使用之后,也可以用作肥料或用作牲畜饲料。台湾的一位餐馆老板,以小麦为原料,也研制出了可食性餐具。

"回归自然""与自然和睦相处"是当今一个日益深入人心的口号,并形成了一种回归自然的潮流。当然,这种回归不是简单地回到原始状态的回归,而是一种崇尚自然、与自然和谐相处、协调发展意义上的回归,是人们采取有利于环境保护、顺应自然的生存方式。它主要包括绿色建筑、生态旅游、写短文章、吃"环境餐"等方面的内容。

(三)绿色建筑热

绿色建筑是一种新型的建筑类型。它按照生态平衡的原理进行设计,建造出人、生物和与栖居环境相融合、相弥补的空间,形成多层次的物质循环和能量流动,使生活与环境更接近,使人的工作更惬意,生活更舒适,健康更有保障,这种绿色建筑,预计在不久的将来,会成为一种建筑潮流。在这方面,美国的一些建筑师已走到了环保的前列,进入 20 世纪 90 年代后,它们在设计建筑物时,增加了采用可以循环,可以更新的建筑材料,安装节能的温度调节系统,设法减轻室内空气污染,并把树木、风、水带回市内环境,使建筑物与环境之间建立和谐的关系。美国建筑师协会正在制定一份环境材料指南,拟对常用的材料进行化学分析,并列出毒性较轻的替代材料。

(四)绿色旅游热

无污染旅游与生态旅游。基于旅游对环境造成的破坏,近年来一些国家和地区相继开展了"无污染旅游",如日本,在国内大力提倡"无污染旅游"。日本富士山是著名的旅游胜地,游人络绎不绝,由于旅游者人人都自带塑料袋,把废弃物放入袋中,再扔到垃圾桶里,所以旅游地山上山下十分清洁。"生态旅游"是指在不损害野生动植物,不危害环境,不破坏地方风俗和人文古迹的条件下,让人们回归自然,进入自然景观,尽情地欣赏大自然的风光美景,享受在深山密林中远足,在激流险滩跋涉所带来的乐趣,使大家既获得了知识,陶冶了性情,又增强了人们保护自然的责任感,保护了旅游资源。在美国,"生态旅游"已成为20世纪90年代消费的新趋势。

(五)绿色饮食热

"环境餐"。一向以食肉为主的西欧,越来越认识到多吃肉类的害处。如吃含大量牛肉的饮食而大量吸收饱和脂肪,是引发心脏病、肥胖症和其他失调症的因素。此外,提高牛肉产量必须增加谷物的生产,这就大大增加了对土地的侵蚀。所以,很多"环境保护主义者"都极力提倡少吃肉或不吃肉。欧美发达国家每人平均每年至少吃肉100千克,谷物产量的六成被充作饲料喂养家畜。少吃肉类等于少消耗谷物饲料,还可以间接起到保护土壤的作用。因此,人类根据人们食用数量的需要来发展,使食物比较平衡,既有益于健康,又减少对环境的污染。

四、国际协调与合作的加强:生态环境保护的国际协调发展

在自然环境面前,全人类是利益的共同体,也是灾难的共同体。在世界市场中,资源总是流向售价较高的地区。资源的利用已经国际化了,环境污染没有边界,空气和水跨越国界,生物多样性是全人类的财富,它的破坏也是全人类的损失。因此,人类寻求治理环境的国际合作途径。目前,国际性的环境保护机构和组织应运而生,先后达成了几十个保护环境的国际协定并陆续开始实施。

(一)国际协调性环境保护浪潮的掀起

围绕着环境问题的国际合作大多是通过联合国开展的,1972 年 6 月在瑞典首都斯德哥尔摩召开了联合环境会议,这是世界各国政治首脑第一次坐到一起共同讨论当代环境问题和环境战略的国际会议。当年 6 月 16 日第 21 次全体会议通过了《人类环境宣言》,呼吁各国政府和人民为维护和改善人类环境,造福全体人民,造福子孙后代而共同努力。《人类环境宣言》确认了会议提出和总结的 7 个共同观点和 26 项共同原则。根据会议决议,联合国成立了 4 个相互关联的环境机构:

①环境规划署理事会,简称 UNEP,由 57 个成员国组成,是环境问题国际合作的政府间机构。

②环境基金委员会。基金来自各国政府和非政府机构的捐赠,1973—1983 年捐赠金额约 3.7 亿美元,以后逐年有所增加,如 1990 年达 10 亿~15 亿美元,1995 年达 20 亿~25 亿美元。此项基金对于支持国际环境合作发挥了积极作用,尽管还远不能与每年万亿美元的军费开支相比。

③环境协调委员会(目前已撤销)。

④环境规划署。作为 UNEP 的常设机构,负责处理联合国在环境方

面的日常事务,并作为国际环境活动的中心,促进和协调联合国内外的环境保护工作,1982 年 5 月在内罗毕又召开了第二次会议,肯定了 10 年来取得的进展,同时也对全世界环境继续恶化的现状表示严重关切。达成了全球一级、区域一级和国家一级保护和改善环境的 10 条共识,1992年 6 月,联合国在巴西里约热内卢召开了有史以来规模最大、级别最高的环境与发展会议,有 183 个国家和地区,70 多个国际组织的代表出席了会议,102 位国家元首和政府首脑到会并讲话,会议通过了《21 世纪议程》、《里约宣言》、《联合国气候变化框架公约》、《联合国生物多样性公约》和《关于森林问题的原则声明》等重要文件。这次会议是世界各国为了共同利益,重新规划人类的未来,寻求发展与环境的协调途径以及通过加强国际合作,共同对付全球环境问题挑战的良好开端。在这次会议推动下,掀起了全球的环境保护热潮。

应当肯定,联合国环境机构的建立和联合国围绕环境保护所开展的一系列活动,对于提高广大民众和政府领导人的环境意识,缓解日益严重的环境危机,确实发挥了积极的作用,而且今后还会发挥更大的作用。但也应该看到,这并不是解决环境问题的唯一出路。

(二)绿色和平组织的兴起

20 世纪 60 年代末以来,在一般民众的环境意识普遍觉醒和环境保护运动蓬勃开展的情况下,许多以保护环境为己任的民间组织应运而生,其中,影响比较广泛的有地球之友和绿色和平组织。

地球之友是一个国际性的民间环境保护组织,1969 年在布罗维尔的倡导下在美国成立。到 1989 年底,该组织至少已在 35 个国家或地区拥有成员。地球之友的行动原则是:有利于环境保护的,一律支持,否则一律反对;实行绿色消费主义原则,即动员消费者不购买在生产过程中或使用时会污染环境、破坏生态平衡的产品。地球之友曾发动了许多卓有成效的环境保护运动,20世纪70年代末,它为了保护鲸鱼,发动了一场国际性绿色消费运动,动员消费者不购买含有鲸鱼原料的产品,以达到禁止其销售的目的,1984年4月,地球之友为了保护臭氧层,发起了抑制含氯氟烃产品的运动。此外,地球之友还发起了抑制有害垃圾装船出境的运动,在国际社会反响十分强烈。

绿色和平组织是另一个广为人知的国际性环境保护组织,1979年在荷兰正式成立。该组织主要是通过包括冒险行为在内的实际行动来保护环境,以期拯救地球。绿色和平组织成立以来,发动过反污染、反转嫁污染、反捕鲸、反对在南极进行商业活动,反对焚烧固体危险废弃物和向水中倾倒有毒废料,反对捕杀袋鼠,保护海洋生物等多种保护环境和维护生态平衡的运动。1971年,它曾派象征和平与健康环境的"绿色和平"号船前往北冰洋,抗议美国在那里进行核试验。到1987年底,绿色和平组织已有成员50余万名,到1988年底,已在包括发展中国家在内的20个国家设立了22个办事处。

(三)国际合作原则的确立

《里约宣言》等文件的签署,使国际社会关于环境保护的国际合作原则得以确立。主要内容是:

第一,人类处于普遍关注的可持续发展问题的中心,他们应享有与自然相和谐的方式过健康和富有生活的权利。

第二,根据《联合国宪章》和国际法原则,各国拥有按其本国的环境与发展政策,开发本国的环境与发展政策,开发本国自然资源的主权权利,并负有确保在其管辖范围内或在其控制下的活动,不致损害其他国家或在各国管辖范围以外地区的环境的责任。

第三,为了公平地满足当代,后代在发展与环境方面需要,求取发展的权利必须实现。

第四,为了实现可持续发展,环境保护应是发展进程的一个整体组成部分,不能割裂开来考虑。

第五,为了缩短世界上大多数人生活水平上的差距,更好地满足他们的需求,所有国家和所有人都应在根除贫穷这一基本任务上进行合作,以实现可持续发展。

第六,发展中国家,特别是最不发达国家和在环境方面最容易受伤害的发展中国家的特殊情况,需要得到优先考虑。环境与发展领域的国际行动也应当着眼于所有国家的利益和需要。

第七,各国应本着全球伙伴精神,为保存、保护和恢复地球生态系统的健康和完整发展进行合作,鉴于导致全球环境退化的各种不同因素,各国负有共同的但又是有差别的责任。

这一原则的形成,为建立一种"新的全球伙伴关系"奠定了基础;规定了不同制度的国家和地区,不同信仰、宗教和文化的人们在处理环境问题中的基本权利和义务;并敦促各国政府和公众采取措施,防止生态污染和环境恶化,为保护人类的生存环境共同作出努力。

第八章 国外中小学环保教育案例参考

第一节 澳大利亚中小学的环保教育

澳大利亚环境教育的可借鉴性,主要在于:首先学校和教师对课程有很大的自主权,可根据地区特点及需要设计环境教育的内容、目标;其次,澳大利亚环境教育一直注重在环境中的教育,注重学生在真实环境中的实际体验,这无疑有利于培养学生正确的、深刻的环境意识及探索、体验精神。

澳大利亚是一个生态环境独特、矿藏资源丰富的国家。作为大洋洲的发达国家之一,它也面临着严重的环境问题。一方面,该国有着独特的动、植物种群,由于国外新种群的引进,使本国的种群因无力竞争而面临灭绝,出现了生态不平衡;另一方面,澳大利亚是世界肉类和小麦的主要供给国,为保证产量,该国过度地利用水和土地,使之面临严峻的环境挑战。在这些背景下,澳大利亚的环境教育受到了人们的高度重视,并得到了较好的发展,在各国、各地区中甚为瞩目。

在澳大利亚中小学的学校中,师生对"关于环境的教育"和"环境中的教育"并不陌生,但这两者的活动效果一直不很显著。较新兴起的"为了环境的教育",与国际上公认的环境教育的概念和目的基本一致,因此我们着重对这方面进行一些介绍和分析。

(一)学校环境教育的规划

澳大利亚是一个联邦制国家,学校教育规划主要由各州教育部制定,环境教育规划也不例外。在斯德哥尔摩会议后不久,1974年,堪培拉课程发展中心率先为澳大利亚学校制定了"环境教育计划",并制定了一系列大纲,以促进环境教育的发展。此外,课程发展中心还试图为中小学师生发展环境教育的材料,主要是案例学习形式。

为了进一步发展和实施计划,课程发展中心在各州和联邦教育部设置了联络官,他们定期碰头讨论有关环境教育的问题。这些例会使各州形成并确定了环境教育的目标,建立了一个全国性的环境教育协会,定期出版《通讯》。在维多利亚州,成立了一个环境教育委员会(JCEE),向维多利亚教育课程委员会提供有关该州环境教育未来发展的咨询。

在澳大利亚,有不少支持环境教育的服务性机构也对环境教育起着重要的作用,其中一些机构在教育部占有一个正规席位,一些由专门的委员会负责,也有一些是独立的机构。一些服务性机构向学生提供环境教育的参考材料,向教师提供信息,如澳大利亚自然保护基金会、土壤保护委员会、全国环境教师协会等,维多利亚自然保护部出版的一份综合性的《环境教育方针指导》,提供最新的信息、材料,对环境教育教师有较大的帮助。

在环境问题、社会价值观改变及环境活动等背景下,澳大利亚环境教育从 20 世纪 70 年代起得以发展,而在 20 世纪 70 年代以前,环境教育是以自然学习和户外教育形式存在的,1970 年,在堪培拉召开了"教育与环境危机"会议,1975 年在墨尔本召开了第比利斯会议的预备会,这两次会议极大地促进了澳大利亚的现代环境教育运动,这些会议及会议之后的课程和专业发展规划使各州教育部接受了联合国教科文组织、联合国环境规划署、国际环境教育计划所发展的环境教育定义和建议,由此,澳大利亚的环境教育政策和课程重心放在跨学科性、环境价值观教学、批判性思维以及决策技能、环境问题解决中日益增长的学校——社区相互作用、实验教学等方面。

由于澳大利亚教育体系复杂，因此不易提供详细的状况，澳大利亚政府分为三个层次：联邦、州/地区和地方，前两者负责教育。六个州和两个地区政府主要负责制定教育政策，提供学校、师资、大纲和公立学校的教学材料。联邦政府为国家重要的教育计划提供专门的基金（例如：性别平等、多元文化教育、学校——工业的联系，不过遗憾的是还无环境教育），近年来，联邦政府试图在一定程度上协调和统一各州/地区体系中的教育政策和课程。

澳大利亚具有以学校为基本单位的课程发展传统，即由学校和教师负责发展具体的目标、内容、教学方法，并依据大纲要求对学生进行学习评价。这种传统促进了教育规划的变革和发展，其中不少涉及环境教育，以满足学生在学校及社区的需要，由于学校教育实践活动的差异，加之澳大利亚八个州/地区的教育体系各不相同，阐述整个国家的环境教育状况有一定困难。

因此，我们以昆士兰的环境教育为例来介绍。昆士兰的第一个环境教育政策是1976年出版的一份只有两页的文件，这一简要文件采用了国际自然保护联盟确定的定义，提出了目的，确定了实施政策的主要部级机构，并鼓励整个州建立实地学习中心，1988年该政策得以修正并以《政策20条》为题重版。这份文件增加了有关学校如何实施政策的建议，并包括教学准则。

这些政策性文件主要强调自然环境的学习。之后几年的一系列重要事件和出版物将影响对环境教育概念的确定。

1987年世界环境和发展委员会出版了题为《我们共同的未来》的报告，这一报告使环境整体观合法化，并指出了社会正义概念及对环境教育的生态持续发展。国际自然保护联盟、联合国环境规划署和世界自然基金会1992年的出版物《关心地球：持续生活的战略》丰富了这一环境教育观。同年,澳大利亚签署了四个重要的协约,这些协约与里约热内卢提出的社会和生态维持观相联系。

1989年澳大利亚教育委员会在霍巴特召开会议,联邦、州/地区的教育部长出席了这次会议,并就澳大利亚学校的统一的国家目标达成共识,即《霍巴特宣言》,这些目标包括对关注全球环境平衡发展的理解,以及练习判断道德、伦理和社会正义的能力。

1992年,各州共同制定了国家生态持续发展战略,在昆士兰,要求教育部在实施这一战略中担任重要角色,一项特殊迫切的目标建议将生态持续发展的原则纳入学校及高等教育的课程、评估和教学规划之中。

上述工作及其他发展改变了昆士兰环境教育的重心。这些目标阐述了有效的教与学,以协助学生获取理解力、技能和态度,并以知书达礼的市民的身份积极参与生态持续发展和维护社会正义及民主。

首先,实地学习中心更名为环境教育中心,以反映环境教育重心的扩大。

1990年进行国家环境教材决算后,教育部发表了《环境教育P-12:材料表》。澳大利亚教育委员会开始进行国家课程计划工作(包括环境教育的课程),昆士兰参加了这项工作,并进行了进一步的工作,包括社会和环境学习纲要,声明和简况的编写。昆士兰认识到自然的跨课程性,指出环境教育应当渗透在8个国家课程领域的4个之中,即社会和环境学习(本地)、科学、卫生和技术。

教育部还出版了《生态持续发展的教学:11—12年级地理学准则》。这份文件将生态持续发展与高中地理学和经济学大纲结合起来,并特别注重价值观教育,文件列举了对实现生态持续发展至关重要的那些关键的民主价值观和原则,并以《我们共同的未来》为基础来确定主要问题。

培养积极的有学识的公民是教育部优先考虑的问题,它与环境教育具有重要的联系,目的是培养公民成为"地球的公民"。1993年出版的《积极、有学识的公民:教师信息》,描述了这些联系,以及教育部所作的强调社会和个人环境的社会正义工作。

到了1993年止,发布了一份《P-12:环境教育课程指南》文件,它指出了各种影响力,并提供了更为广泛的环境教育概念。该文件指出,环境具有自然、社会和个人因素,这些因素互相交织在一起,上文提及的持续性中的8个原则为指南提供了理论基础。课程指南为教育部环境教育政策的未来发展指明了方向。

近年来,以参与环境教育规划为基础的学校大为增加。其原因是诸如对环境的兴趣、关注的提高增加了资源的获取及社区的支持。

目前,环境教育已被昆士兰许多组织提到议事日程上,它们积极寻求学校在促进资源利用与管理上的合作。地方委员会、国家政府部门、企业、社区团体在增加学校对社区环境教育的投入方面成为伙伴。

(二)学校环境教育的课程发展

1980年10月,澳大利亚环境教育协会在南澳大利亚州府阿德莱德宣告成立。该协会是州联络官会议和课程发展中心环境教育计划发展的产物,通过协会的工作,界定了澳大利亚环境教育的性质,成为全国环境教育工作的依据。

环境教育协会提出了环境教育课程的发展标准,这些标准概括如下:

环境教育的目标指向具体问题:

它的目的是详细阐述现存的、可采用的方法以及选择方法的技能;

它关注现实状况;

它超越单一学科领域;

它包括具体行为和综合性内容;

它利用学校及其周围的真正环境作为学习情景;

它涉及价值澄清；

它的目的是明确地增强学生在自己环境中的能力和自信心。

课程发展中心在1980年将环境教育纳入到它的核心课程之中,课程发展中心试图借助核心课程为学生建立基本的和基础的学习和经验。基本学习是其他学习和个人进一步发展的基础,基础学习和经验是人们在社会中进行有效的文化、经济、政治、群体、家庭和人际交往等活动所必不可少的。

环境学习已作为核心课程的9个核心领域之一,是整个课程中非常重要的环节,课程发展中心在核心课程文件中指出:"环境学习的根本目的,是培养对自然和人工环境的意识和理解,形成对那些维持或损害环境行为的敏感性,这需要依靠地理建筑学、景致建筑学、经济学等课程的教学,也离不开学校本身参与环境保护计划的意愿,因为这能够为学生提供该领域的实际经验。至于核心课程中的其他领域,则强调采取各种方法去组织社会活动,使环境学习将理论与实践相结合。在核心课程中,重要的不是专门的组织,而是对环境的探讨及环境观的形成。总之,环境学习是各种知识和理解的综合,是保护环境和改善环境的必要前提。"

1989年,联邦、州/地区的教育部长一致同意霍巴特宣言的10个"澳大利亚学校教育统一国家目标",其中包括"发展学生理解、关注平衡发展与全球环境的必要性"。政府期望将这些目标纳入所有学校教育规划之中。国家课程发展规定了8个知识领域,用于学校开展合作性的课程活动。其中之一是社会与环境学习。

社会与环境学习的主要活动包括分析国内所有相关的教育政策和大纲,以便在一定程度上为澳大利亚环境教育提供适当的课程模式。政府在制订社会与环境学习的国家声明计划中,采纳了有关的工作成果。社会与环境学习还要进一步做的两项工作是:一、采用国家声明作为框架,由各教育系统制定该知识领域的合适的大纲;二、确立学生学习的一般模式,并建立评价档案,国家声明和评价档案已形成草案,定于1993年上半年出版。它们包括以下6个主题:"文化和信念"、"地方与空间"、"时间、持续和改变"、"资源"、"系统"和"调查与参与",目前还难以判断这些文件对环境教育的意义。

在澳大利亚学校中从事环境教育工作的教师普遍存在担忧心理,包括对国家声明中的人类中心倾向的担忧;对自然环境缺乏关心的担忧;对以经济为中心的全球观的担忧;对过于强调澳大利亚所面临的问题而缺少全球观点的担忧;对过于强调单个学科的作用而忽视跨学科作用的担忧;对强调被动学习形式的担忧;和对不重视批判性探索和积极的公民教育的担忧。

(三)学校环境教育的发展策略

澳大利亚为学校环境教育设计了各种发展策略。在初等教育阶段,教师与学生相处时间较长,环境教育主要是围绕专门的地理学领域、专题或技能来组织进行,这种教学过程可持续几个课时或几个星期。在中等教育阶段,知识被划分为几门学科;教学按各门学科教学进行,因此,环境教育显得颇为复杂。

首先,最广为采纳的环境教育策略是"渗透法",即环境内容渗透于现行各学科中,通过学科教学来达到环境教育的目标。环境教育大纲的规定内容的各个方面,与现行课程中各学科有明显的联系,可由具有专业知识或经验的教师分头负责讲解。例如,有关城市水道化学污染的内容,化学污染可对水道污染物及化学污染特征的理解发挥主导作用;生物学可对自然动植物群及其受到污染物冲击等的理解发挥主导作用;地理学可对那些产生水道污染物沉积的土地使用模式、排水模式和气候学的理解发挥主导作用;历史学和社会科学可对当今人们对此的观点的理解起作用;文学和音乐则有利于以诗歌、书信、对话等形式表达该问题,总之,澳大利亚课程发展中心的环境教育计划较为重视通过所有学科领域的教学活动来促进环境教育。

学校环境教育的第二个策略为单一学科法。即组织专门的环境教育学科来传授环境教育范畴的基本概念和原理,这些概念涉及生态物理学、社会与文化、管理与变革等,作为制定环境主题的基础。在维多利亚州,"环境科学"已被当作12年级的一门学科,许多其他的环境学科也在7到11年级得到发展。

第三个被广泛采用的策略是通过实地调查进行个案学习,即在某一学年中,选择真正的生命情景,让学生跟随教师及地方专家一起进行实地探讨。这种探讨可为期几天或几周。这一策略基本的一点是要考虑具体问题与理论知识的关系,考虑何种知识、技能和态度可运用于解决环境问题。此外,报纸、广播、电视等的报道和纪实也可为实地环境调查提供广泛多样的学习刺激。

在澳大利亚,这种策略已在传统学科和单一的环境学科中被采用,但在学校的整体教学计划中很少将此作为主要方法,因此,环境教育中,实地环境调查还有相当的潜力可挖。

第四个策略是问题解决与价值澄清法。这一策略可与环境调查法结合在一起,根据环境教育的目标,在适当的学习情境中进行。澳大利亚学者史泰普认为,问题解决过程可分为以下几个步骤:

(1)识别和界定问题;

(2)收集、组织和分析与问题相关的资料;

(3)制订评价各种解决方案;

(4)选择最佳的解决方案;

(5)发展行动计划;

(6)实施计划;

(7)评价计划。

澳大利亚课程发展中心在其"环境教育计划"系列出版物中,详细阐述了这四种策略,并提供了丰富的参考资料,如《初等教育史料集》包括环境教育、语言、艺术、户外活动和有生命体等内容;《中等教育史料集》包括环境教育计划、人文学中的环境教育、家政学和艺术中的环境教育、运用跨学科方法的环境教育、初中户外活动等内容,所有这些材料都极大地丰富了各学科,特别是科学和地理学的环境教育内容。

澳大利亚的环境教育一直采取关于环境教育和环境中的教育形式。就师资培训而言,前者的培训课程如生物学、科学、地理学、农学、自然等,都大量涉及环境知识;后者则是带领师范学生走出课堂,在环境中进行户外学习、实地调查等活动。

澳大利亚的师资培训分为三个部分,即职前师资培训、研究生层次教育和在职教育,其中,环境教育在职师资培训中主要采用的策略,是让中小学教师到某地直接接触环境及其问题,从中受几天的培训。到现在为止,澳大利亚大多数在职师资培训课程将重心放在生态学上,不过,也有少数培训课程已开始纳入诸如城市环境、生活方式、能量、亚洲邻居等方面的内容,在职师资培训的最大成就是使澳大利亚大批中小学教师在短期内得到培训提高。

第二节　美国中小学的环保教育

美国1979年即颁布实施《国家环境教育法》,美国环境教育的特点,在于实施较早;环境教育内容体系完善;环境教育的途径和渠道众多。美国基础教育中的环境教育教学注重实践,注重联系实际,课程体系完善、目标明确并有整套很好的评价、监督措施。这种完善、完整、成熟的环境教育,完全值得世界各国参考借鉴。

美国中小学对环境教育的重视,从其所用的教科书可见一斑。例如,由美国哈考特·布雷斯·乔瓦诺维奇公司出版的《科学》(1985年)教科书,在小学一年级"地球——我的家"一课中,即首先通过捕食者与被食者的关系来介绍食物链的概念。然后指出,为了这些生物的生存,必须保持清洁的环境。课文中通过呈现陆地与河川的污染情形,明确指出这种污染对环境的影响。由于教育对象是小学一年级学生,教科书内容直观性很强,穿插了大量的图片和照片。从二年级起课文开始涉及动植物的保护问题;到小学六年级的《地球科学》教科书中,内容已开始涉及石化燃料、污染和核能等问题,并且开始考虑到将来利用太阳能的必要性。

关于生态学的知识,在美国,这一知识的教育培训被大大提前了,将学科的基本问题反复在各阶段教育课程中体现并贯彻,是美国教育的重要特点。

在初中阶段,美国霍尔特·莱茵哈特和温斯顿公司出版的《现代科学》(1981年),是一本比较典型的教科书,在该书的"地球·生命·人类"篇中,一方面探讨了土壤、水及矿物资源保护对人类生活的重要性;另一方面也促使学生思考开采石灰石将导致产生什么样的资源保护问题,在"环境的探讨"一章中特别指出,物质燃烧是导致大气污染的原因,课文通过美国都市烟雾管制前后的街头照片比较,使学生对防止污染的必要性和重要性有了深刻认识。在"力·变化·宇宙"篇的"地球环境"一章中,课文以汽车排气与工厂排烟为例,说明人类如何污染大气,如何使植物枯萎。

到了高中阶段,环境教育的教材就更加丰富。例如,在作为美国主要出版公司之一的斯科特·福尔曼公司出版的《地球科学》(1983年)教科书中,就在第五章中探讨了"能源与环境"问题。在"能源"单元中,课文首先说明各种能源的状况,然后提及核裂变与核聚变,并特别指出,释放在空气中的放射性物质较利用煤时为少;此外,课文中专门提到了利用可再生能源的重要性,如太阳电池、酒精发酵生产、水力发电、海洋温

差发电等,并指出节约能源的重要性。在"环境"单元中,课文明确指出该教材的目标是使学生理解以下问题:

(1)水质污染与地下水污染的主要原因;

(2)大气污染对人类生活的影响;

(3)土壤流失与大地污染的防治;

(4)环境变化所引起的意外问题的发生。

《现代生物学》(霍尔特·莱茵哈特和温斯顿出版公司,1981年),是美国高中生物教科书中最普及的一本,它比较重视对生命现象与具体生物的理解。在第七章"人类生物学"中,教科书专辟一节讨论"烟酒与药物",表明该教科书重视人类生活所面临的问题。火在生态系中的作用、水质污染的原因与结果、大气污染的原因、放射线问题等等,在具体做法上,该章先探讨食物、土壤、水、燃料、森林等各种资源后,再讨论森林与野生生物的保护问题,特别是鸟类与小型哺乳动物的保护问题。最后,在污染方面强调,必须依照是否可用生物学方法予以分解这一标准来区别污染物质。此外,内容也涉及工厂排水与家畜等水质污染源,在农业污染方面则特别重视 DDT 所导致的污染。在"污染"单元中,内容涉及烟雾问题,说明气温的变化使烟雾不能上升,而在途中下降的过程。

目前,美国的环境教育仍然没有统一的、严格的科学基础和模式,但是相对而言,在环境教育规划、指导、课程与教材建设、具体教学实践等方面都已经发展得比较完备。特别是在基础教育阶段,有关环境教育的内容被有效地通过各类课程和活动进行渗透。这尤其值得我们借鉴。

第三节　印度中小学的环保教育

印度是一个发展中国家,环境教育起步较晚,但发展很快。政府大力对环境教育进行支持赞助,包括成立专门的环境保护机构,编制全国范围内的环境教育教材、环境教育实践指导等。此外,印度非常注重通过对中小学教师的集中职后培训,来弥补职前教育中环境知识的不足,这尤其值得我们借鉴参考。本课节选了多个印度环境教育的案例,以供参考(见教学案例)。

印度是一个人口众多、生产力水平较低的国家。为了提高人民的生活水平,印度自独立起进行了大量的社会发展活动。与此同时,印度也出现了许多严重问题,包括热带雨林生态系统的破坏、大气污染、水源濒临枯竭等,为此,从 20 世纪 70 年代起,印度政府相继建立了国家环境计划和协作委员会、环境信息服务部、环境部等机构,大力从事环境保护工作。在此形势下,印度的环境教育作为一个新的领域也开始兴起并得以发展。

(一)印度中小学的环境教育

印度中小学环境教育起步不久,目前主要通过现行的教育体系,在课程中充实大量的环境内容,并辅之以实践活动来实施环境教育。

在印度学校教育中,环境教育并非是一个新的领域。印度政府教育部门一向比较重视对儿童进行"关于环境""通过环境"和"为了环境"而开展的教育。1986 年,印度政府颁布的"新教育政策"(NPE)专门强调了环境教育,该文件指出:"形成环境意识很有必要,它必须从儿童开始并面向所有年龄的人和渗透到所有部门之中,中小学和高等院校的教学应包括培养环境意识,这一方面的工作将纳入到整个教育过程中。"

在这一政策的明确敦促下,印度学校教育制度开始通过重组教学内容和改进教学方法将环境教育内容纳入正规的学校教育之中。

(二)中小学环境教育的课程结构和内容

在初等教育阶段的一至二年级,环境的自然和社会方面未被明确地划分开来,而是在大纲中规定了七个教学单元,并提供了一些环境专题作为范例,如:我们的家庭、我们的家、我们的学校、我们的邻居、我们的地球、我们的天空等,一、二年级没有学生用书,只有"教师指南",指南中介绍了环境学科的构成、重要性、教师的作用、教学大纲等,作为教师及课程发展者根据本地实情发展教材和进行教学活动的基本依据。在三到五年级,环境学有专门的教科书,教科书分为环境Ⅰ(社会环境部分)和环境Ⅱ(自然环境部分)。其中,环境Ⅱ主要通过教师对当地环境及可获取的资源的利用来组织学生学习。

在初等教育的高年级,即五、六年级至七、八年级,环境教育不再是通过一门单独的学科来进行,而是渗透在不同的学科中。社会方面的内容主要通过三门学科来传授,即历史学、地理学和公民学,这一时期的环境教育主要强调人与自然环境、社会环境之间的关系。

至于自然方面的内容,则主要依靠一门综合性的课程——科学。科学课程的发展不是从各学科中简单地提取有关内容,而是以学生日常观察到的环境为基础,并考虑一定的社会关系。科学课程中的环境专题共有14项:

(1)食物和健康;

(2)自然界中人类对动植物的依赖;

(3)对环境的适应;

(4)水;

(5)能源;

(6)人口;

(7)污染;

(8)农业实践和实施;

(9)我们的庄稼;

(10)有用的动植物;

(11)庄稼生产的改良;

(12)畜牧业;

(13)自然和自然资源的保护;

(14)科学和人类繁荣。

中等教育的普通学科,特别是其中生物学领域的教材出现了一个根本性的变化,即传统的原理性内容如动植物原理等,发展成边缘性内容如环境生物学等,目的是使学生今后能较好地面对各种环境问题。中等教育阶段的科学课程也同样注重相关的社会关系,并从本国的国情出发,突出环境教育的地位。该课程有以下 15 项环境专题:

(1)生态系;

(2)生物圈;

(3)生态危机;

(4)自然资源的保护;

(5)庄稼的影响和庄稼生产的因素;

(6)各种农业实践;

(7)庄稼的改良;

(8)畜牧业要素;

(9)人类繁衍的功能性结构;

(10)怀孕和生育;

(11)幼儿、儿童和青年;

(12)世界人类趋势;

(13)印度的人口问题;

(14)人类的传染疾病;

(15)人类的营养失调。

(三)环境学的课程和教材编制

在印度,课程和教材的编制是由新德里国家教育研究和训练委员会负责的。它是向政府提供教育建议的最高机构。小学一、二年级环境学教师指南的编写,是先由来自各邦的不同学科的课程研制者通过研讨会形式进行讨论,然后由国家教育研究和训练委员会下属的科学与数学部制定出草案,再进行讨论修订,最终定稿。

三至五年级教师指南的编写与上述步骤一致。1978年,科学与数学部出版了一本小册子,题为《利用环境和当地资源进行初等科学教育——教师手册发展的指导原则》。该小册子是为发展科学教师手册而编写的,书中就如何根据大纲要求利用环境和当地资源提出了一系列的指导原则。该小册子认为,教师手册的发展应有以下六个步骤:

(1)召开一次研讨会,制定出第一份草案。研讨会成员由教师组成;

(2)召开第二次研讨会,校订草案,使各方面尽可能完善;列出试行草案时所需的器具表;

(3)印刷手册草案,准备试行学校所需的器具;

(4)培训师及其他人员;

(5)着手试行手册,收集反馈信息;

(6)根据反馈信息修订手册。

(四)中小学环境教育策略

印度中小学环境教育的一个主要策略,是通过环境学习活动使学生理解和巩固环境知识,培养环境技能。

一、二年级学生主要通过对当地环境(包括社会的和自然的)的观察、讨论来巩固已获得的知识。在三至五年级,除了观察、讨论活动形式之外,学生还要进行实验和调查。这些活动有助于培养学生科学探索的能力,如测量、收集及澄清资料、记录和分析资料。为了更清楚地说明这一学习活动策略,我们从印度环境教育中心出版的《环境教育快乐学习活动手册》一书中选取了以下两个案例。

案例1:树的种类(印度环境教育中心出版的《环境教育快乐学习活动手册》)

地域:户外

小组规模:每组2～3人

持续时间:30分钟

活动时间:树木长着叶子的任何时候

材料:纸、铅笔

目标:学会在一定距离识别树的种类

活动:将学生带到一处植有不同树木的地方,让学生离某棵树一定距离,以便能看到树的全貌。

让学生观察树的形状及其树枝的结构。让他们画出这棵树的轮廓,然后说出其形状让他们联想到什么。对另一棵同类的树木重复上述过程,让学生说出与刚才那棵树的相同点。然后观察另一种树。鼓励学生按树的形状进行归类。

学会将树的形状与熟悉的事物比较,如棒棒糖、雨伞、棍棒、圆锥、三角形等。

让学生说出他们所知道的所有树,并根据形状加以归类。

引申内容:如果树木种植间隙很小,是否会改变树的形状？为什么？

评价:学生能否在一定距离外识别一棵树？

案例 2:我们生活中的动物(印度环境教育中心出版的《环境教育快乐学习活动手册》)

地域:课堂、户外、家

小组规模:全班分成两组

材料:一块大显示板和颜料

目标:使学生认识到动物对我们生活的贡献。

活动:让学生将我们从动物处得到的产品列成一张表。将班级分成两组。让一组学生画人们饲养的动物,另一组学生画出它们提供的产品,然后将所画的东西贴于显示板上,产品与相应的动物必须放在一起。例如,一头水牛或一头奶牛的图画必须与牛奶制品的图画放在一起,一头羊的图画与羊毛或呢绒的图画放在一起。

做了上述工作后,让学生到外面观察各种家禽,将它们吃的东西及应当如何照料它们等记录下来,然后讨论如何管理这些动物,并组织参观农场和牛奶场。

应注意不得省去那些用作运载工具的动物。

对那些当作宠物的动物应单独列出。

引申内容:也应当了解其他地方为满足传统需要而驯养的动物,如双峰骆驼、驯鹿、无峰驼、爱斯基摩狗等。

培养学生对虐待动物情况的敏感性,可单独制订一项计划,以考察驯养动物是否得到了应有的照料。

六至八年级的综合科学课程的教学策略,主要根据学生在自身环境中的各种经验而定,在科学教科书中,有明确的组织活动的要求。根据教科书的体例,各章的第一部分为一系列学生日常生活中所观察到的内容;第二部分据此提出问题,这些问题是学生经常会提出的;第三部分提供了问题的答案或获得答案所需的必要信息;第四部分为"活动",为学生提出课内外练习,这些练习是为发展某些技能而设计的;最后一部分为总结,这种教学策略偏重于发展学生理解身边环境的知识、技能,有助于学生将来在社会中担当重任。

(五)印度环境教育的师资培训

印度学校课程中的环境教育已渗透在不同的学科领域中,其师资培训也同样。1978年,印度国家教育研究和训练委员会发表了《师资培训课程———一种框架》,它建议中小学教师培训应当通过以下领域的学习来进行:

(1)小学阶段的环境学Ⅰ(普通科学);

(2)小学阶段的环境学Ⅱ(社会科学);

(3)中学阶段的培训系列Ⅰ(科学);

(4)中学阶段的培训系列Ⅱ(社会科学);

(5)中小学阶段的语言训练;

（6）中小学阶段的社区活动；

（7）中小学阶段的健康、体育和娱乐活动；

（8）中小学阶段的工作经历和艺术；

（9）中小学阶段的相关实践工作。

国家教育研究和训练委员会还从内容和方法的角度，为中学师资培训编写了一本题为《中等学校的科学教学》的书，书中有关环境方面的章节有：生态系、人口问题、畜牧业、庄稼改良、食物、食物原料保护等，另一本为小学师资培训编写的有关普通科学教学的书中，涉及环境方面的章节有：食物、人体、健康和环境卫生、动植物等。

此外，国家教育研究和训练部还出版了一些有助于提高环境教育教师业务水平的书籍，如《利用地方资源，进行科学教学》、《环境教育师资指南Ⅰ和Ⅱ》、《非正规教育的教师指南》、《有关营养、健康教育和环境卫生课程指南》。国家教育研究和训练部下属的教学辅助部制作了一些教学参考影片，如《通过环境——岩石和土壤，学习科学》、《通过环境学习科学》。

1990年在泰国宗滴恩召开的世界全民教育会议试图详细说明各级学校教育的最基本的学习需求，会议将环境视为人类、自然环境、社会环境相互作用的整体，识别了最低学习需求的10种基本能力，这些能力指向认知、情感和发展的精神领域，以及与下列各条相关的内容因素：

（1）获得有关人在社会和自然环境中幸福的意识；

（2）探索人的社会经济环境的重要方面，理解自己的工作；

（3）知晓工作中的种类人，理解工作世界的重要性；

（4）理解和说明人与环境之间空间的相互作用的关系；

（5）开始看到人的过去与现在的关系，以适当的观点看待过去；

（6）感觉普通而简单的可观察的社会经济形势和问题，分析它们，并在其经验基础上寻求可行的解决办法；

（7）理解对健康起作用的因素；

（8）发展收集和分类有关自身环境中有生命体的信息的技能，作出简单的论断；

　　(9)观察和检验非生命体的一些普通特征；

　　(10)观察简单的自然现象,作出论断。

　　上述各条反映了学校课程内容倾向环境教育的结构性变化。可以理解,这些变化的效果将不会维持,除非有适当的环境教育教学材料,以及实施和继续学校规划的师资培训和结构。

　　1.职前师资培训

　　作为一门独立的课程,环境教育通过采用内容兼方法论传授,在科钦、高哈蒂、塞利塞奥特、古吉拉特、乌尼达亚普雷斯等大学,环境教育或者作为一项硕士规划大学后文凭课程,或者作为短期证书课程,值得一提的是,在印度的许多大学和研究机构中环境教育还成为研究生学科,为研究生文凭和博士学位作准备。在教育学硕士阶段,尽管还未系统地尝试将环境教育作为基础的或选修的课程,但鼓励学生选择学校环境教育中的重要专题,撰写他们的学位论文和从事实际工作。

　　在教育学士阶段,一些大学的环境教育被作为选修课之一。大纲包括环境教育方面的内容和方法。例如,拉贾斯但大学(东印度)的大纲中包括以下单元：

　　第一单元:人与生物圈；

　　第二单元:环境教育的特征和范围；

　　第三单元:环境教育的计划和实施；

　　第四单元:环境教育的行为与规划；

　　第五单元:a.环境破坏和未来;b.全球未来的需求。

　　2.在职培训

　　除了上述在职前和普通教育领域内所作的重要尝试外,印度中央邦教育部也作了大量努力,为大量在职教师进行环境教育培训。

　　在中央一级,国家教育研究和训练委员会在组织环境教育师资培训规划中起到了带头作用。在1978－1979年间,科学和数学教育部组织了

一项规划,为初等学校环境学教学培训在职教师,此项培训包括:

(1)在新德里组织一次试验研讨会;

(2)为邦教育部官员组织四次地区级研讨会。这四个研讨会均分为两个为期五天的阶段,中间休会3—4周,以加强他们的观点,明确行动计划,还为学校准备了课程的训练材料。

与此相类似的联合学校组织在联合国教科文组织、联合国环境规划署领导下为科学教师和学校管理人员发展了一个师资培训的环境教育单元,研讨会的目标是鼓励教师:

(1)获取涉及环境及其问题的知识、技能和态度:

(2)发展中学科学中环境范畴的教学和管理能力。

培训材料的编制侧重于:

(1)环境教育的历史和理论发展;

(2)有关环境及其问题的基础知识。

(3)环境教育的教学方法、活动、实验和评价;

(4)中学科学教育中实施环境教育的策略。